中国有色金属工业协会专家委员会组织编写

有色金属系列丛书

中国锡业

北　京
冶　金　工　业　出　版　社
2012

内 容 提 要

本书共分七篇，简要介绍了锡工业概况，锡及其主要化合物的性质与用途，锡矿资源及采选，锡冶炼，炼锡厂的“三废”治理，国内行业政策和国内外主要炼锡企业等内容。

本书简明扼要，浅显易懂，适合于从事锡冶金及相关专业的人员阅读。

图书在版编目(CIP)数据

中国锡业/中国有色金属工业协会主编. —北京:冶金工业出版社，2012. 8

(有色金属系列丛书)

ISBN 978-7-5024-6034-1

Ⅰ. ①中… Ⅱ. ①中… Ⅲ. ①锡—有色金属冶金—冶金工业—中国 Ⅳ. ①F426. 32

中国版本图书馆 CIP 数据核字(2012)第 182869 号

出 版 人 曹胜利
地 址 北京北河沿大街嵩祝院北巷 39 号，邮编 100009
电 话 (010)64027926 电子信箱 yjcbs@cnmip.com.cn
责任编辑 张熙莹 美术编辑 李 新 版式设计 孙跃红
责任校对 禹 蕊 责任印制 李玉山
ISBN 978-7-5024-6034-1
三河市双峰印刷装订有限公司印刷;冶金工业出版社出版发行;各地新华书店经销
2012 年 8 月第 1 版，2012 年 8 月第 1 次印刷
148mm × 210mm; 4. 75 印张; 92 千字; 135 页
18. 00 元

冶金工业出版社投稿电话:(010)64027932 投稿信箱:tougao@cnmip.com.cn
冶金工业出版社发行部 电话:(010)64044283 传真:(010)64027893
冶金书店 地址:北京东四西大街 46 号(100010) 电话:(010)65289081(兼传真)
(本书如有印装质量问题，本社发行部负责退换)

序

为适应有色金属工业发展的需要，普及和提高有色金属知识，提升全国有色金属战线广大干部职工的思想业务素质，促进我国从有色金属生产大国向有色金属工业强国的转变，中国有色金属工业协会组织编写了《中国铜业》等有色金属系列丛书21本。《丛书》集中了全行业的智慧和力量，融知识性、实用性为一体，汇集了当今中国乃至世界有色金属领域的最新知识和信息，深入浅出，通俗易懂，是社会各界学习和提高有色金属知识的好教材和实用工具书。

有色金属是经济社会发展必不可少的基础材料和重要战略物资。有色金属作为功能材料和结构材料而广泛应用于人类生活的各个领域，成为当今高新技术发展和国防军工的重要支撑。目前，有色金属的生产和消费水平已经成为衡量一个国家社会进步的重要标志。

中国是生产有色金属品种最全的国家，门捷列夫化学元素周期表中的64种有色金属都能生产。中国是世界生产和消费有色金属最多的国家，到2011年十种有色金属产量已达3438万吨（快报数），连续10年位居世界第一，年消费有色金属已达3580万吨以上，连续9年位居世界第一。目前全国已有有色金属企业、事业单位3万多家，就业人员360多万。

有色金属涵盖的金属品种多。在元素周期表中，除了黑色金属铁、锰、铬，锕系和超锕系放射性金属外，余下64种金属都为有色金属。有色金属成矿条件复杂，矿床类型多样，矿体形态变化大，元素组合多样，勘探难度大，而且需要综合勘探、综合评价。有色金属结构复杂，多种矿物相嵌共伴生关系密切，选矿和冶炼的技术、装备复杂，工艺流程长。有色金属应用领域广，用途千差万别，材料的研制和加工复杂。有色金属元素在原矿中含量低，富集比都在几十、几百、几千甚至几万以上，导致在采矿、选矿和冶炼过程中固体废物多，节能环保压力大，工艺技术复杂。综合上述不难看出，有色金属产业是固体矿产资源开发利用领域最复杂的产业，有色金属知识领域宽广、博大精深。

建设现代化的有色金属工业强国是全行业360多万职工为之奋斗的目标。我相信，《丛书》的出版发行，对增进全社会对有色金属工业的了解，推动全行业广大干部职工学习和掌握有色金属知识必将发挥积极重要的作用。让我们行动起来，为促进我国有色金属工业的持续、稳定发展，为实现有色金属工业发展的既定目标而奋勇前进。

中国有色金属工业协会会长 陈全训

2012年8月于北京

前　言

“十一五”以来，中国经济快速发展，极大地促进了锡冶金工业的发展壮大。为了便于社会各界深入浅出地了解和掌握锡冶金工业的历史、现状和发展，我们编写了这本科普型读物。

本书分七篇，简要介绍了锡工业发展史，锡及其主要化合物的性质与用途，锡矿地质、资源、采矿、选矿，锡冶炼，炼锡厂的“三废”治理，国内行业政策和国内外主要炼锡企业等内容。

全书简明扼要，浅显易懂，适合于关注或从事锡冶金行业的社会各界人士。

本书由云南锡业集团（控股）有限责任公司莫建伟主编，李季、刘国宇、楚斌、杨培韬，以及广西华锡集团股份有限公司吴伯增、陈进中、陈光耀参加了编写和校阅。中国有色金属工业协会原副会长钮因健、中国有色金属工业年鉴社原副总编李宴武对全书进行了编审。在本书的编写过程中，主要参考了黄位森主编的《锡》(冶金工业出版社，2000 年)，在此深表感谢。

由于时间仓促，加之参编人员水平所限，书中不足之处敬请读者批评指正，竭诚感谢。

编　者

2012 年 6 月

目 录

第一篇

概　论

第一章　锡工业的发展

锡是人类发现最早、应用最早的金属之一。在我国的一些古墓中，常发掘到一些锡壶、锡烛台之类的锡器。在埃及的古墓中，也发现有锡制的日常用品。由铜和锡组成的青铜合金的发现、生产和广泛应用，给人类文明史上写下了极为辉煌的一页，这便是“青铜器时代”。中国有悠久的用锡和炼锡历史。据报道，唐山出土的一件铜耳环（距今约4000余年）主要成分是含有一定数量锡的铜合金。河南偃师县二里头成批出土的商朝早期的青铜凿、小刀等器物，其年代为公元前(1245±90)年。通过对青铜器的化验表明，它们是由分别炼出的铜和锡配制成的合金，表明中国在公元前1200年左右就已掌握炼锡技术。

我国锡资源丰富，云南个旧和广西大厂是世界著名的大锡矿，此外，广西、广东、江西等省也蕴藏有较多的锡资源。我国产锡历史悠久，个旧是早已闻名世界的“锡都”，早在西汉时期锡的采冶业就很发达，发展到清朝已非常兴盛。到清末光绪三十一年（1905 年），设个旧厂官商公司，使用进口机器设备和聘用外国专家开展生产作业。至 20 世纪 30 年代末期，个旧锡业达到新中国成立前的鼎盛时期，个旧锡的最高年出口量已达到 1.1 万吨。新中国成立后，我国锡生产发展迅速，除了加强和发展传统的云南个旧锡基地外，还开发和建设了广西大厂新的锡及其伴生资源综合利用基地。特别是改革开放后发展更快，1990 年我国锡产量达到 3.58 万吨，2000 年迅速发展到 11.24 万吨，2010 年又提升到 15.9 万吨，成为世界第一位产锡国。

古人利用锡氧化物易还原的性质，从锡石中提取锡。最原始的炼锡炉是所谓的地坑炉——在地面上挖坑，里面抹上黏土，装满木柴后点火，烧至通红，陆续加入锡砂矿，然后在其上再加入木柴和锡砂矿进行还原熔炼，产出的金属锡沉积在坑的底部。后来出现了原始的黏土竖炉，并使用原始的风箱向炉内鼓风。

马口铁罐头盒储存食物技术的发展和 18 世纪工业革命的爆发，刺激了锡的生产。据记载，1880 年世界锡产量为 3.8 万吨，到 1894 年就增长了 1 倍以上，1925 ~ 1929 年世界锡的平均年产量为 16.3 万吨。目前世界锡产量约 60 万吨。

传统的炼锡设备有鼓风炉、反射炉和电炉，它们都是从原始的竖炉发展而来的。反射炉炼锡是 18 世纪初在英国康沃尔开始采用的，康沃尔产出的锡曾经一度满足全欧洲的需要。电炉炼锡则是 1934 年由扎伊尔马诺炼锡厂首先采用的。

鼓风炉炼锡只有少数厂家采用。新的炼锡设备有转炉、卡尔多炉和澳斯麦特炉，其中澳斯麦特炉的发展最引人注目，有着广泛的应用前景。

现今的炼锡厂采用的工艺流程可分为两种，即处理高品位精矿的传统“二段熔炼”流程和处理中等品位精矿的“熔炼和烟化”组合流程。烟化炉取代了传统的第二段熔炼，可以实现较彻底的铁锡分离，提高锡的总回收率，并能处理各种低品位复杂含锡物料，所以获得迅速发展。

粗锡火法精炼已有一千多年的历史。世界上大多数炼锡厂都采用火法精炼粗锡，所产出的精锡约占精锡总产量的90%。粗锡火法精炼技术主要有真空蒸馏除铅、铋和离心过滤除铁、砷等。

粗锡电解精炼始于20世纪初期，现今世界上电解精炼生产的精锡约占精锡总产量的10%。

1932年，世界锡生产国成立了国际锡研究协会，以研究和开发锡的应用，其执行机构是国际锡研究所。

1956年，世界锡生产国和消费国成立了国际锡理事会，其主要目的是通过锡生产国和消费国间的协商，实现世界锡生产量和消费量的平衡，减缓产销矛盾，避免锡价的过分波动。

1983年3月，锡生产国协会（ATPC）宣告成立，其宗旨是：“促进成员国之间的密切合作，通过维护锡工业，稳定锡价，强化研究、发展和销售，进一步扩大锡的用途，捍卫成员国在锡工业中的权益。”成员国有澳大利亚、马来西亚、印度尼西亚、泰国、玻利维亚、尼日利亚等。巴西和中国当时作为观察员身份参加会议，1994 年中国决定正式加入该组织。

第二章 锡及其主要化合物的性质与用途

第一节 锡的性质

锡的元素符号是 Sn，源自拉丁名字 stannum，其英文为 tin。锡的相对原子质量为 118.69，在元素周期表中的原子序数为 50，属第Ⅳ主族的元素，位于同族元素锗和铅之间。故锡的许多性质与铅相似，且易与铅形成合金。

一、金属锡的物理性质

锡是银白色金属。锡表面光泽与浇铸温度和杂质含量有关，浇铸温度越低，其表面颜色越暗。浇铸温度高于 500℃ 时，锡的表面生成的氧化物膜呈现珍珠色光泽。锡中所含的少量杂质，如铅、砷、锑等能使锡的表面结晶形状发生变化，并使其表面颜色发暗。

锡相对较软，具有良好的展性，仅次于金、银、铜，容易展压成 0.004mm 厚的锡箔，但延性很差，不能拉成丝。锡条在被弯曲时，由于锡晶粒间发生摩擦而发出断裂般的响声，称为“锡鸣”。

在常压下，随着温度的变化，锡有三个同素异形体：灰锡（α-Sn）、白锡（β-Sn）和脆锡（γ-Sn）。

白锡是一种常见的银白色金属，具有正方形晶体结构，富有展性，密度较灰锡重。白锡在温度上升到161℃以上时会转变成具有斜方晶体的结构，展性很差，很脆，一敲就碎，故称做“脆锡”。白锡在温度下降到-13.2℃以下时会逐渐变成煤灰般松散的粉末，称做灰锡。灰锡为金刚石形立方晶系，比白锡轻。特别是在-33℃或有红盐（$SnCl_4 \cdot 2NH_4Cl$）的酒精溶液存在时，白锡变为灰锡的速度大大加快。一把好端端的锡壶，会“自动”变成一堆粉末。这种锡的“疾病”还会传染给其他“健康”的锡器，当正常的锡板一旦与灰锡接触后也会产生灰色的斑点而逐渐被“腐烂”掉，这种现象称为锡疫，最早为亚里士多德所发现。由白锡转化为灰锡过程的温度会因存在杂质如铝和锌等而降低。在锡中加入锑或铋可以防止锡的退化。元素铋一般被用于防止“锡疫”，这是由于铋原子中有多余的电子可供给锡的结晶点阵，使锡的晶体结构稳定，而防止“锡疫”的产生。

锡的一些主要物理性质列于表1-1。

表1-1 锡的主要物理性质

性质		数据
熔点/℃		231.96
沸点/℃		2270
密度/$g \cdot cm^{-3}$	α-Sn(1℃)	5.765
	β-Sn(15℃)	7.298

续表 1-1

性　质	数　据
莫氏硬度	3.75
熔化潜热/J·g^{-1}	60.28
蒸发潜热/J·g^{-1}	3018
比热容(18~20℃)/J·(g·℃)$^{-1}$	0.2436
黏度(320℃)/Pa·s	0.001593
表面张力(300~500℃)/N·cm^{-1}	0.00532~0.00516
电阻率(18℃)/Ω·cm	11.5×10^{-6}
热导率(β-Sn,100℃)/W·(m·K)$^{-1}$	60.7
超导转变温度/K	3.73

固态锡的密度在20℃时为7.3g/cm^3，液态锡的密度随温度的升高而降低，数值关系见表1-2。

表1-2　液态锡的密度

温度/℃	250	300	500	700	900	1000	1200
密度/g·cm^{-3}	6.982	6.943	6.814	6.695	6.578	6.518	6.399

熔融状态下(320℃)，锡的黏度很小（0.001593Pa·s)，流动性很好，这给冶炼回收带来一定困难，故在冶炼时，应采取有效措施防止或减少漏锡，以提高锡的冶炼回收率。

锡由于熔点低，沸点高，因此易于在精炼锅内进行火法精炼；而真空精炼法则是利用其具有较高沸点的性质来除去粗锡中所含易挥发的铅等杂质元素。

二、金属锡的化学性质

锡有 10 种稳定的天然同位素，有 +2 和 +4 两种化合价。锡的 +2 价化合物不稳定，容易被氧化成稳定的 +4 价化合物。因此，锡的 +2 价化合物可作为还原剂使用。

常温下锡在空气中稳定，几乎不受空气的影响，这是因为锡的表面生成了一层致密的氧化物薄膜，阻止了锡的继续氧化。锡在常温下对许多气体、弱酸或弱碱的耐腐蚀能力均较强，所以在通常环境和受工业污染的腐蚀性环境中，锡均能保持其银白色的外观。因此，锡常被用于制造锡箔或用于镀锡。但当温度高于 150℃时，锡能与空气作用生成 SnO 和 SnO_2，在炽热的高温下，锡会迅速氧化挥发。

锡在常温下与水、水蒸气和二氧化碳均无作用，但在 610℃以上时，锡会与二氧化碳反应生成二氧化锡：

$$Sn + 2CO_2 \longrightarrow SnO_2 + 2CO$$

在 650℃以上时，锡能分解水蒸气：

$$Sn + 2H_2O(g) \longrightarrow SnO_2 + 2H_2$$

常温下锡与卤素，特别是能与氟和氯作用生成相应的卤化物。加热时，锡与硫、硫化氢或二氧化硫作用生成硫化物。

锡的标准电极电位（Sn^{2+}/Sn）为 -0.136V，由于氢在金属锡上的超电位较高，因此锡与稀的无机酸作用缓慢，而与许多有机酸基本不起作用。

在热的浓硫酸中，锡按下式反应生成硫酸锡：

$$Sn + 4H_2SO_4 \xlongequal{} Sn(SO_4)_2 + 2SO_2 + 4H_2O$$

加热时，锡与浓盐酸作用生成 $SnCl_2$ 和氯锡酸（H_2SnCl_4 和 $HSnCl_3$），如通入氯气，锡可全部变成 $SnCl_4$。

锡与浓硝酸反应生成偏锡酸（H_2SnO_3）并放出 NH_3、NO 和 NO_2 等气体。

锡与氢氧化钠、氢氧化钾、碳酸钠和碳酸钾稀溶液发生反应（尤其是当加热和有少量氧化剂存在时）生成锡酸盐或亚锡酸盐。饱和氨水不与锡作用，但稀氨水能与锡反应，而且其反应与 pH 值相近的碱液差不多。某些胺也能与锡起作用。

第二节 锡及其化合物的用途

锡是人类最早生产和使用的金属之一，始终与人类的技术进步相联系。从青铜器时代到如今的高科技时代，锡的重要性和应用范围不断显现和扩大，成为现代工业和技术发展中一种不可缺少的材料。

由于锡具有熔点低、展性好、易与许多金属形成合金、无毒、耐腐蚀以及外表美观等特性，因此锡及其合金在工业和人们的日常生活中有着广泛的应用。作为食品和饮料包装材料的马口铁的用锡量占世界锡消费总量的 30% 左右；用于制造合金、锡铅焊料的锡用量占世界消费总量的 30% 以上。

锡能够生成范围很广的无机和有机锡两大类化合物。锡的化工产品有广泛的用途，其中最重要的是用于金属表面镀锡，以起保护或装饰作用，并在药剂、塑料、陶瓷、木材防腐、照相、防污剂、涂料、催化剂、农用化学制品、阻燃剂及塑料稳定剂等方面广为应用。

一、金属锡的用途

（一）马口铁

马口铁是两面都镀上一层很薄的锡的钢板或钢带。制造马口铁所使用的钢材为低碳软钢，钢板厚度一般为 0.15 ~ 0.49mm，每一级厚度之间的差别为 0.01mm。其镀锡量通常为 2.8 ~ 15g/m²（电镀法）或 11 ~ 20g/m²（热浸镀法），镀层的质量只占成品总质量的 0.6% 左右。马口铁的镀层与钢基材料结合紧密，在经受机械变形时不会脱落或产生裂纹，因此马口铁同时具有钢的强度、可加工性、可焊性和锡的耐腐蚀性、无毒、可涂漆和美观装饰性。这些特性使得它广泛用于制造刚性容器，特别适用于食品和饮料的包装；也可用于非食品包装，如油漆、油的化学品的包装；还可以用于制造玻璃瓶的螺旋盖和塞子。用于制罐工业的马口铁占 90%，其余 10% 用于非包装材料。如在电气工业和电子工业中用于制作收音机和扩音机的外壳、底座、电容器材、继电器和其他元件的保护罩以及防漏电瓶的屏蔽层；另外还用于普通照明工程、模压件、玩具制造、办公用品、厨房用具、制作展览和广告招牌等。

（二）锡箔

锡箔的加工方法是利用金属锡具有良好的展性而将其冷

轧，逐渐将锡锭轧制成厚度可达0.004mm的锡箔。

锡箔主要用于一些高级干式电容器中，锡箔之间则用纸质绝缘层隔开。由于无毒、无腐蚀性和无弹性，锡箔也用于包装巧克力和乳制品，但用量有限。某些酒瓶盖顶衬有锡箔片，以防止酒与软木塞接触。在必须使用纯锡而不是锡铅合金的特殊焊接工艺中，锡箔用于制作预型件。掺有金刚石粉的锡箔可用作研磨剂或抛光剂。

（三）玻璃生产

在玻璃制造新工艺中，熔融玻璃（温度在1000℃以上）直接倾注到锡熔池的光滑表面上，并用含有一定量氢的氮气保持熔池不受氧化。熔融玻璃浮在液体锡表面上，由于不接触任何固体支撑物，因此凝固生成的玻璃平板上下两平面平行而且非常平整，不需磨光即可使用（俗称浮法玻璃生产工艺）。

熔融锡具有特殊的热性质，其良好的导热性能使玻璃表面沿宽度方向上的温度均匀。此外，玻璃熔体不会在光洁的锡表面无限延展，这就有可能通过控制工艺参数来生产一定厚度的玻璃平板。通常生产的玻璃板的厚度为3~15mm，可用于制作镜子、门窗玻璃和汽车的挡风玻璃等。

（四）其他用途

在蒸馏装置中处理高纯度水时，使用纯锡作衬里材料，锡不与纯水起化学作用，对水没有污染。

纯锡可制成软管用于配制药品。锡制软管可安装皮下注射针头，在非常情况下（如战场上）可供伤病人员自己注射止痛剂用。锡管的最大优点是无毒和不受药品腐蚀，而且由于无弹性，可以被折叠而将药物完全排空。

镀锡铅管可用于包装牙膏、调味汁和颜料等，但在这方面的应用已逐渐被铝管和塑料管所取代。

据报道，美国斯坦福大学的研究人员将液态锡用于核反应堆作为反应介质，以减少核废料的产生和降低辐射危险。他们还研究将液态锡用于核废料的再生回收，以代替常规的溶剂萃取技术。

高纯锡则广泛用于制造半导体和超导合金。

二、锡合金的用途

（一）锡铅焊料

生产焊料所用锡量占世界锡消费量的 30% 以上，而锡焊料中有 75% 用于电子工业。由于焊接工艺的改进，单次焊料的用量有所减少，但随着电子工业（包括计算机、电视机和通信系统）的迅速发展，焊料的用量仍在稳步增长。

锡-铅二元合金是使用最普遍的焊料合金。大多数电气和电子元件的焊接和测试仪表器件的焊接都使用接近锡-铅共晶成分的高锡焊料，这种成分的焊料的优点是熔点低而且具有最大的湿润能力。高锡焊料也用于罐头边缝的焊接。对精密度要求不高的焊接，如一般工程细管配件、汽车水箱和灯座等的焊接，可以采用含锡稍低的焊料。

随着环保要求的日趋严格，许多用于日常生活的含铅的锡焊料已逐步被禁用，新型的含 Ag 3.5% 的 Sn-Ag 焊料、含

Cu 0.9% 的 Sn-Cu 焊料及含 Cu 4% 和 Ag 0.5% 的 Sn-Cu-Ag 焊料已成功地替代了锡-铅焊料。因此，无铅焊料的广泛使用将导致锡用量的增加。

（二）锡青铜

Cu-Sn 合金早在青铜器时代就开始用于制造工具、武器和工艺品，目前，约占世界锡消费量 6% 的锡用于配制锡青铜，且这种状况会持续下去。锡加入铜中不仅能增加铜的强度，而且还可以改善其承载能力和赋予其良好的耐腐蚀性能。虽然有某些铜合金可以替代锡青铜，但是对于许多特殊用途而言，锡青铜仍是必不可少的。这主要是由于锡青铜兼有下列特性：较高的机械强度和硬度、较好的导电性、易于浇铸和加工、抗腐蚀能力强、有优良的承载能力、易焊接。基于这些特性，锡青铜可用于制造电工弹簧和线材、在腐蚀性环境中使用的阀门等零件，及浇铸件、锻压件或烧结件等。

（三）轴承合金

由于锡合金具有表面滞留润滑油膜的性质和良好的耐磨性能，因此它是制造轴承的理想材料。含锡轴承合金主要有：巴氏合金、铝锡合金和锡青铜。巴氏合金由于机械强度不够，只能作为强度较大的轴瓦的衬里使用。而另外两类合金则可以用于制造无轴瓦的整体轴承。

巴氏合金可分为高锡合金、高铅合金以及含锡和铅都较高的中间合金。对于这三类巴氏合金，主要的硬化合金元素是锑和铜。巴氏合金广泛用于大型船用柴油机主轴承和连杆轴承，汽轮机和大型发电机的轴承，中小型内燃机、压缩机和通用机械等的轴承。

铝锡合金在20世纪30年代就已用于制造飞机发动机轴承。含Sn 6%的铝锡合金通常用于制造不带轴瓦的整体轴承。加入少量的Cu、Ni、Si和Mg并进行热处理可以增加合金的强度。如含Sn 20%的铝合金轴承，其抗疲劳强度虽比含Sn 6%的合金低，但适应性好，能够与未硬化的轴承配合使用。含30%及40%锡的铝合金可用于制造带钢轴瓦的冲压套圈轴承。现在可以采用连续碾压工艺将铝锡合金带压接到钢轴瓦上，然后用于生产轴套。通过热处理，可以增强锡合金和钢轴瓦之间的连接强度。此种轴承现已取代巴氏合金轴承，大量用于汽车制造工业。

锡青铜用于制造轴承时往往加入P或Pb。含Sn 10%及含P大约0.5%的磷青铜轴承的强度很大，适合于在高负载和高温下使用。加铅可以改变锡青铜的表面性能，但会降低锡青铜原有的强度、耐磨性和抗变形能力。含Sn 5%和Pb 20%的铅青铜具有良好的轴承性能，可以在润滑条件差的情况下工作，广泛用于制造火车和农机轴承，以及某些内燃机轴承。烧结青铜轴承由于内部具有许多小孔隙，在预先浸渍润滑油后，可以用于不需定期维修的小型机械。

除了锡铅焊料、锡青铜和轴承合金外，还有许多用途多种多样的锡合金，例如锡器合金、易熔合金等。

三、锡化合物的用途

锡的化合物分为无机化合物和有机化合物两大类。人们在很早以前就认识和使用了无机锡化合物，但是一直到19世纪50年代中期才首次合成有机锡衍生物，约一百年以后有机锡化合物才在工业上获得重要应用，具有各种用途的有机锡化合物迅速增加，至今其数量已远远超过了无机锡化合物的数量。

锡的有机化合物主要应用于两个领域：用作杀虫剂；用作塑料工业中的稳定剂和催化剂。锡的有机化合物代表了锡用途的一个重要方面，当今全世界每年约有1.4万吨的锡用于生产有机锡，而每年生产和消耗的有机锡已超过4万吨。现在锡的有机化合物在工业上的应用远比其他任何元素的有机化合物都多。

锡的主要无机化合物及其用途见表1-3，一些重要的锡有机化合物及其用途见表1-4。

表1-3 锡的主要无机化合物及其用途

无机化合物	主要用途
氧化亚锡	作为制造其他锡化合物的中间原料，宝石红玻璃制造时的还原添加剂，氢氧化锡形态用于浸没式镀锡
二氧化锡	瓷釉的颜料和遮光剂；大理石或花岗石及缝纫针的抛光剂；玻璃涂层，提高玻璃的强度和耐磨性；铅玻璃熔融生产中作电极；催化作用显著，用作多相催化剂；用于离子交换技术；可用作导电涂层；在其作用下生产各种特殊性能的玻璃
二氯化锡	试验还原剂；配制电镀锡等的电镀液；镜子生产、眼镜制造、塑料镀铜的敏化剂；香皂的香味稳定剂；油类的抗淤沉剂；石油钻探泥浆的添加剂；感光纸的锡涂层；漂白剂；超高压润滑油的组分；毛织品的阻燃剂

续表 1-3

无机化合物	主要用途
四氯化锡	生产有机锡化合物的原料；制造品红、沉淀色料和陶瓷釉料；丝绸增重剂；香皂的香味稳定剂；丝绸染色的媒染剂；制造晒图纸或其他感光纸；玻璃器皿表面处理的加强剂；毛织品的阻燃剂
硫酸亚锡	主要用于锡电镀工艺中；修整液；在钢丝制造中作浸没镀锡液
锡酸钠	最重要的是用于电镀锡及其合金；也用于浸没镀锡，在汽车铝合金活塞零件上形成光洁镀层；做陶瓷电容器的基体、颜料和催化剂
二硫化锡	处理木材和石膏青铜色的着色剂；颜料
锡酸钾	用于碱性镀锡的电镀液；陶瓷电容器的基体；催化剂
醋酸亚锡	煤高压氢化的催化剂；织物印染色的促进剂
砷酸锡	动物、鸟和禽身上寄生虫的有效杀虫剂
砷酸亚锡	塑料、橡胶制品中的高效无毒催化剂和稳定剂
氟硼酸亚锡	牙科药剂的原料；防止龋齿的牙膏添加剂；放射性药物扫描检查剂
焦磷酸亚锡	锡合金的镀槽液；放射性药物扫描检查剂
酯基锡	新型的聚氯乙烯热稳定剂
铟锡靶材（ITO）	新型的特殊功能氧化物陶瓷材料，ITO 薄膜的重要原料

表 1-4　一些重要的锡有机化合物及其用途

有机化合物	主要用途
四丁基锡	矿物烃类润滑油的防腐蚀添加剂；与 $AlCl_3$ 及某些金属氯化物一起使用，作为烯族低压聚合过程催化剂

续表 1-4

有机化合物	主 要 用 途
四苯基锡	清除微量无机酸（如盐酸）的净化剂；烯族聚合反应的催化剂
三丁基氧化锡	杀虫剂；黏合剂
三丁基氯化锡	缆索塑料复层中的防啮剂
三丁基氟化锡	防污油漆配料
三丁基醋酸锡	防污涂料；含卤素聚合物的稳定剂；生产聚氨酯泡沫塑料的催化剂
三丁基苯酸锡	杀虫剂和杀菌剂；木材防腐剂
三苯基醋酸锡	保护马铃薯、甜菜和芹菜的杀虫剂
三苯基氯化锡	防污涂料；船舶外壳防腐剂；杀虫剂
三苯基氢氧化锡	杀虫剂；消毒杀菌剂
三环己基氢氧化锡	杀虫剂
六甲基二锡	杀虫剂
二甲基二氯化锡	玻璃加固剂
二丁基二醋酸锡	制造聚氨酯泡沫塑料的催化剂；室温硬化硅酮合成橡胶的催化剂
二丁基二月桂酸锡	聚氯乙烯的稳定剂；聚氨酯泡沫塑料的催化剂；室温硬化硅酮合成橡胶的催化剂；治疗鸡肠内蠕虫的感染
二丁基马来酸锡	聚氯乙烯的稳定剂
二正辛基锡顺式丁烯二酸盐聚合物	包装食物用聚氯乙烯的有效热稳定剂
异辛基锡巯基醋酸盐	包装食物用聚氯乙烯的热稳定剂
二有机锡二卤化物的络合物	抗肿瘤药物
一丁基锡硫化物	食品级聚氯乙烯稳定剂
一丁基锡三氯化物	玻璃上二氧化锡薄膜的前质
丁基氯化锡二氢氧化物	酯化和反式酯化反应催化剂

除了传统的用途外，锡化合物还有许多新的用途，包括在高科技领域内的应用。现在全世界每年大约消耗 2.4 万吨锡用于生产锡化工产品，以最终产品计，这意味着每年将生产出 6 万吨各种各样的锡化合物，这也说明了锡化合物的种类繁多和应用范围广大。随着锡化合物应用的开发，锡在这方面的消耗还将有所增长。

第二篇

锡矿的形成与分布

世界锡矿床分布很不均匀，按全球锡矿相对集中的部位，将其划分为五个主要的锡成矿带，即东亚滨太平洋锡成矿带、西美滨太平洋锡成矿带、东南亚—东澳大利亚锡成矿带、欧亚大陆锡成矿带及非洲锡成矿带，这五个成矿带的储量分别约占世界总储量的23%、11%、42%、7.5%和8%。

中国锡成矿区受滨太平洋、特提斯—喜马拉雅及古亚洲三大巨型深断裂体系控制。根据锡矿所处构造部位和区域分布的关系，大体上可划分为10个锡矿带：东南沿海锡矿带、川西锡矿带、川滇锡矿带、南岭锡钨矿带、个旧—大厂锡矿带、滇西锡矿带、内蒙古—大兴安岭锡矿带、小兴安岭—内蒙古锡矿带、桂北锡矿带和赣北锡矿带。

根据成矿的原因或开采条件，锡矿床大致可分为两大类：原生矿床（俗称山锡、脉锡矿床）和冲积矿床（俗称砂锡矿床）。若根据锡的矿物成分又可分为：硫化矿床（锡石与重金属硫化物、黄铁矿等相结合）和氧化矿床（锡石分散在氧化物脉石中）。

原生矿床由石英、伟晶花岗岩及其他岩石构成的矿脉。矿脉的宽度不一，由几厘米至1m以上。矿石从岩石中开采出来后，经选矿处理便得到锡精矿。原生矿床的矿物组成比较复杂，除含锡石外，还含有各种伴生矿物，如黄铁矿、黄铜矿、闪锌矿、方铅矿等。

冲积矿床（砂锡矿床）是由含有锡石的原生矿床在外部自然因素的影响下而形成的，因为锡石的密度、硬度和化学稳定性都较其他伴生矿物大，所以当受到崩溃、风化和冲洗等的外力作用时，脉石便变成了细砂，而锡石不会崩溃因而残存、积集在原生矿床风化后生成的疏松沉积层中，如此经过多次天然的选矿从而形成砂锡矿床，所以砂锡矿床一般出现在原生矿床附近。它的矿物组成及其生成情况与形成该砂锡矿的原生矿相似，但较原生矿简单，大多只含有密度与锡石密度相近的伴生矿物。由于易开采、采矿作业成本低，是锡矿的主要工业类型之一。

根据美国地理调查局（USGS）的统计，2008 年全球锡金属基础储量约 1057 万吨，主要分布在中国、马来西亚、印度尼西亚、秘鲁、巴西、泰国等地。中国的锡资源储量全球第一，约 350 万吨，占全球资源储量的 33%。中国锡矿资源有以下特点：

（1）锡矿床高度集中，主要分布于云南、广西、江西、广东、湖南五省（区），占全国已利用储量的 98%，其中云南、广西两省（区）即占 80%；

（2）锡矿床类型以原生脉锡矿为主，原生矿储量约占 90%，砂锡矿仅占 10%；

（3）原生矿以亲硫系列矿床为主，约占脉锡矿储量的 85%。

云南个旧和广西大厂是我国已知的两大锡矿资源，截至 2011 年底，两矿区金属储量分别为：个旧 21.17 万吨，大厂 26.63 万吨。云南个旧由于锡储量大，开采历史最悠久，故有“锡都”之称。广西大厂是 20 世纪探明的世界著名的锡石-多金属矿，除锡外还有锌、铅、锑、铜、钨、银、汞等金属矿，及硫、砷、萤石等非金属矿，伴生的稀有、稀散金属铟、镉、镓、硒、碲、铌、钽、锗、铼也十分丰富。其中锑和铟的储量截至 2011 年底分别为 11.20 万吨和 2581t，均居世界前列。

第三篇

锡矿的采矿和选矿

第一章　锡矿物概要

目前世界上虽然有40多个国家和地区开采锡矿，但年产锡超过1万吨的仅有巴西、印度尼西亚、泰国、马来西亚、澳大利亚、玻利维亚、俄罗斯和中国。

中国锡矿开采主要在云南、广西，其次为湖南、广东、江西。云南锡业股份公司和柳州华锡集团是两大产锡基地。

国内外锡矿的开采都受矿体开采条件的制约，技术的多样性和发展水平的参差不齐是客观存在的。在露天开采中，既有最原始的人工淘洗开采，也有现代化的采锡床开采。在地下开采中，既有镐挖人背的小洞开采，也有无轨设备的机械化开采。我国露天砂锡矿和坑内脉锡矿的开采工艺、技术装备都已比较先进。

锡矿的可采品位，随着矿种的不同、锡价的波动和开采方法的差别，变动范围很大。普遍存在的问题是开采品位不断下降，砂锡矿开采品位已降为0.009%～0.03%，最低仅为0.005%；脉锡矿开采品位一般在0.5%以上，易处理的伟晶岩锡矿和含锡多金属矿床中，锡的开采品位可低于0.3%。

第二章 锡矿开采的特点

目前，世界上锡矿开采都已从露天砂锡矿为主逐步转向地下脉锡矿开采。由于砂锡矿赋存于地表，用露天开采比地下开采容易，工艺简单、基建投资少、建设周期短、生产成本低，成为各国着重开采的对象，从砂锡矿中所产出的锡占世界锡总产量的65%以上。目前，多数国家开采高品位砂锡矿的兴盛时期已经过去，随着砂锡矿资源逐渐消耗，脉锡矿的开采在增加。但由于脉锡矿多埋藏于地下，绝大多数为地下开采，因此，需要大量的井巷工程，耗用大量投资，加之建设周期长、生产成本高，要增加锡产量比较困难。巴西、印度尼西亚、泰国、马来西亚等是以开采砂锡矿为主的国家，玻利维亚、澳大利亚、俄罗斯、英国等是以地下开采脉锡矿为主的国家。

20世纪90年代以前，中国的锡产量也主要来自砂锡矿，但随着几大主要砂锡矿山因资源枯竭而停产或减产后，目前砂锡矿的锡产量已远低于脉锡矿。

第三章 砂锡矿开采

砂锡矿的开采方法，除人工挖采（淘洗）外，主要有机械开采、水力机械化（水枪—砂泵）开采和采锡船开采；也可以两种方法联合使用，如机械开采、水力运输或机械剥离、采锡船开采等。

第一节　机 械 开 采

目前，机械开采在砂锡矿开采中所占比例较小。在中国，用水力机械化以前，机械开采曾发挥过一定作用；在国外，如马来西亚的机械开采仍普遍用于矿体剥离。机械开采包括单斗铲开采、多斗铲开采、拖拉铲运机开采和推土机开采等。单斗铲可分为正铲、反铲、索斗铲、刨铲和抓铲。

20 世纪 70 年代后矿石输送都已改为汽车运输。

第二节　水力机械化开采

水力机械化开采简称水采，主要方法是水枪冲采法，即利用水枪喷射的压力水射流来破碎土岩，所形成的矿浆靠自流或加压水力输送至选矿厂。其特点是用同一水流连续完成冲采和运输工艺，是一种高效率的开采方法。

由于水采具有基建投资少、建设速度快、劳动生产率高、回采率高、设备简单、易维修等优点，因而在中国及东南亚各国砂锡矿开采中得到了广泛的应用。

一、水采设备

水采设备主要有水枪、砂泵和水泵。水枪的功能是将高压水经过喷嘴喷发出高速射流并控制射流的作用方向。它是用于冲采土岩的主要设备。根据矿山开采条件的不同，水枪有多种形式和种类，并已实现遥控和自控。砂泵是加压水力输送的主要设备。水泵是向砂锡矿采场供水的主要设备。要根据矿山条件，正确地选择砂泵和水泵的型号和规格。

二、开拓

开辟通往采场的通道，建立供水和水力运输系统，同时建立防洪排水、供电以及向采场运送设备、器材的运输系统，是砂锡矿开拓的主要内容。砂锡矿开拓方法与砂锡矿赋存条件及水力运输方法密切相关，主要的开拓方法有：

（1）基坑开拓法（即砂泵塘开拓法）。在不能采用自流水力运输的条件下，在适当的位置，先开掘一定规格的基坑，在坑底安装砂泵，然后进行生产。

（2）堑沟开拓法。在自流运输时，用一明沟通达矿体，堑沟坡度必须满足自流水力运输的要求，堑沟的规格要适应敷设运矿沟、供水管道及施工的要求。

（3）平硐溜井开拓法。在封闭型凹地砂锡矿，开掘具有保证自流水力运输坡度的平硐通达矿体的下部(底板基岩内)，然后用溜矿(浆)井穿过矿体通达地表，在溜矿井内安装矿浆管，在平硐内砌筑运矿沟。露天采场冲采形成的矿浆汇入溜矿井中的矿浆管导流到平硐的运矿沟内，自流到选矿厂。

三、回采

回采是利用水枪高速喷出的高压水束作用于矿面，使矿石破碎并造浆的过程。为了有效地冲采矿石，要选择合适的水枪射流参数。

根据砂矿赋存条件，确定冲采方法。逆向、顺向、侧向等三种冲采方法中，实际应用最广泛的是逆向冲采法。

四、水力运输

根据砂矿赋存状态和地形条件，水力运输的主要方式有明沟自流水力运输、砂泵加压水力运输以及自流与加压混合水力运输。

（一）自流水力运输

矿浆在沟道中的流运是依靠沟道的坡度而产生的重力分量来实现的。因此，采用自流水力运输的必要条件是起点标高必须高于重点标高。各矿山根据各自的客观条件，用计算法或经验类比法确定有关参数。

为了保持较佳的水力运输断面和便于砌筑，运矿沟主要选用梯形断面，而在服务年限短且流量不大时选用矩形断面。根据运矿量大小和服务年限长短，运矿沟分别采用不砌筑的土沟、木结构沟、砌石材、混凝土、铸铁或辉绿岩铸石沟，其中以辉绿岩铸石最耐磨。

（二）加压水力运输

加压水力运输是在地形条件不允许用自流水力运输时采用砂泵将矿浆送入管道，形成工作压头送到选厂蓄浆池。

为了保证生产的可靠性，加压水力运输要使矿浆中的全部固体物料在管道中呈非均匀悬浮状态，也就是矿浆在管道中以稍大于临界流速流运。临界流速与管径、物料性质、矿浆浓度等有关，可通过实验用经验公式求得。根据流量和临界流速计算管径，并按国家标准选取管道。砂泵可根据输送距离、需克服的几何高度及土岩性质进行计算选取。

第三节 采锡船开采

采锡船是一种大型的漂浮在水面上的采选联合装置，在东南亚各国广泛应用于内陆和大陆架砂锡矿的开采。现代采锡船多为钢绳式多斗采选船，它是由 19 世纪研制出的采金船演变而来的，20 世纪初引入东南亚。采锡船由平底船、上部结构、挖掘系统、洗选系统、尾矿排弃系统、定位系统、动力系统等组成。

平底船能使整个采选装置处于漂浮状态，是一些焊接的或铆接的钢浮筒用螺栓连接在一起的组合体。挖掘系统，主要由斗桥、上导轮、下导轮、斗链和托辊等组成。定位系统一般由 5 根锚缆组成，锚缆一般用钢绳。锚缆固定方式可采用岸上固定（内陆砂锡矿）和抛锚固定（近海砂锡矿）。挖斗按顺时针方向运行，将挖掘出的砂矿运至斗桥的顶部，倾卸到溜槽内，进而送到船上选厂的圆筒筛中。物料经船上选厂富集后的废石通过一系列不同长度的溜槽排入采选船后面的尾矿池中。

现代采锡船的挖斗的最大容积为 0.85m^3，最大挖掘深度为 45m，挖掘能力为 1800m^3/h，船的吃水深度达 6.5m，外形尺寸（长×宽）为110m×30m。采锡船能源为电力（内陆）或内燃机（近海），动力有的高达6000kW。

马来西亚和印度尼西亚的砂锡矿多用斗式采锡船，泰国近海砂锡矿开采也有用吸入式采锡船的。中国砂锡矿开采至今没有使用过采锡船。

第四节　砂锡矿开采的环境保护

砂锡矿开采，是一种人为破坏生态系统平衡的活动。它对自然环境的危害主要表现为开采范围内植被和农作物的破坏，废石排放要占用土地；污水排放会污染水源，影响生产和人们的健康。因此，砂锡矿开采的环境保护应着重解决复土造田和消除水的污染问题。

无论机采、水采还是船采，采空区的复土造田都要有计划地进行，即回采后向采空区回填废石或尾矿，经平整后再覆盖耕植土，并按种植农作物的要求，布置排灌渠道，划块成田。

坂潭锡矿采用水采，为了恢复农田的需要，采用机械剥离，以便堆存部分耕植土和黄土，等砂矿采完后，按需要用选矿尾砂和剥离的砂浆回填采空区，经疏干后铺上黄土和耕植土。坂潭锡矿恢复了数千亩农田，收到了良好的效果。云锡对采空区分为三类进行综合治理，一是用作工业建筑用地，二是分别采用干式回填和湿式回填进行复垦还耕，三是对海拔高及交通不便的采空区，经适当处理后植树造林，恢复生态平衡，均已初见成效。但土壤改造要有一个过程，一般需要3～5年的时间。马来西亚部分船采后形成的水塘，用来养鱼、养鸭，开展多种经营。

砂锡矿开采过程中排放的污水，主要是泥浆水，一般不存在化学污染问题，加之水有自净能力，因此采用沉淀法即可澄清，并可供采选循环使用。

第四章 脉锡矿开采

由于脉锡矿露出地表或接近地表的矿床（矿体）极少，大都埋藏于地下，且距地表较深，因而对于脉锡矿的开采大都以地下开采为主，仅在个别矿山采用过露天开采。脉锡矿的开采与其他金属脉矿的开采没有多大区别，只是地下脉锡矿床具有赋存条件复杂，大多数矿区矿体规模小且分散，矿体产状和形态多变，品位分布不均匀等不利的开采条件，必须开拓大量的井巷工程，才能形成一定规模的脉锡矿山。

第一节 脉锡矿的主要类型

脉锡矿的成因类型和工业类型很多，赋存条件各异，开采条件也各不相同。储量及开采规模较大的主要有以下三类矿床：

（1）网状矿。网状矿一般赋存在矿区的上部，矿体规模大，形态比较规则，厚度大，含锡品位较低，不稳固、中等稳固和稳固。

（2）氧化矿。氧化矿一般赋存于矿区的中、下部，分为层间氧化矿和接触带氧化矿。矿体形态较复杂，有条带状、脉状、透镜状、囊状、柱状、似层状等。矿体倾角有陡倾斜、缓倾斜和倾斜。矿体厚薄不等，有薄矿体、中厚矿体和厚矿体。品位分布不均匀，有高品位矿体，也有低品位矿体。矿石多呈土状，不稳固。

（3）硫化矿。硫化矿是指接触带锡石硫化矿，一般赋存于矿区下部，依附在花岗岩层面上。矿体形态和产状较复杂，有似层状、板状、透镜状、扁豆状及脉状，有缓倾斜、倾斜和陡倾斜。矿体厚度从薄—中厚—厚大不等。硫化矿大都为多金属矿体，含有锡、铜、硫、锌、钨、铋等多种有价元素，开采价值高。砂岩一般较稳固。

第二节　矿床开拓

为开采地下脉锡矿，首先对矿床进行开拓，即从地面开掘若干井巷，建立通达矿体的通道，从而形成完整的人行、材料、通风和矿岩运输等生产工艺系统。

矿床开拓方法主要依据矿体的埋藏情况和矿区的地表地形条件来决定。开拓方法分为单一开拓法和联合开拓法两大类。

单一开拓法主要有四种：

（1）平硐开拓。平硐开拓一般适用于地平面以上的矿床开拓。平硐开拓即从地表每隔 40 ~ 60m 垂高（中端）掘进主要运输平巷通达矿体底盘，再沿矿体走向掘进中段运输平巷。中段间用天井上、下山连通，形成人行、材料和通风系统。运输平巷一般采用铁道运输。

（2）竖井开拓。竖井开拓适用于矿区地平面以下埋深大的矿床的开拓。主竖井为矿石提升井，人行、材料提升及通风为副井。中段高一般为 50 ~ 60m，主中段高一般为 100m，按中段高从竖井开拓石门通达矿体并建立中段运输平巷。主竖井下部平面一般要建立储矿仓和水仓。

（3）斜井开拓。斜井开拓适用于埋藏不深的缓倾斜或倾斜矿床的开拓。斜井一般建立于矿体的下盘，中段高一般为 50 ~ 60m，斜井坡度一般为 25° ~ 30°，斜井采用矿车或箕斗提升，视设计产量决定。

（4）斜坡道（螺旋道）开拓。这是一种与无轨自行开采设备相适应的新型开拓方法，适用于矿体埋藏不深、规模不大且较集中的矿床。采场出矿应用铲运机，矿岩用 20 ~ 25t 自卸汽车运出地面。斜坡道的坡度一般为 10% ~ 15%。

联合开拓法是指使用两种以上主要开拓井巷的开拓方法，适用于矿区面积大、矿床规模较大、矿体分散、埋藏较深、矿区地表地形不具备单一开拓的条件。

第三节　采 矿 方 法

根据矿体的赋存情况和开采技术条件，脉锡矿床常用以下采矿方法：

（1）网状矿的开采常用有底柱或无底柱分段崩落法。

（2）氧化矿的开采常用方框支柱充填法、分层崩落法、分段崩落法、留矿法、全面法等。方框支柱充填法在20世纪70年代以前曾是开采氧化矿的主要采矿方法，后由于该法木材消耗高、工艺技术不易掌握、劳动强度大、充填不及时会带来安全威胁，而逐步被分层崩落法和分段崩落法所取代。留矿法和全面法仅适用于急倾斜和缓倾斜厚度不大的矿体，所占比重小。在氧化矿的开采中，应用较多的是分层崩落法和分段崩落法。

（3）硫化矿开采中使用较多的是上向水平分层胶结充填法、分段崩落法、全面法等。

由于脉锡矿的矿体类型多，厚度、产状及形态多变，使用的采矿方法种类比较多，在此不详细叙述。

第四节　脉锡矿地下开采的环境保护

脉锡矿矿石和围岩中含有许多有害的物质，如砷、硫、铀（但未构成工业矿床）等，特别是矿岩中含铀、镭等放射性元素，从开采过程中析出的氡及其子体都是致癌的主要物质。

云锡是世界上矿工肺癌的高发区，这是由于井下氡及其子体浓度超标所致。在国外脉锡矿的开采中也发现氡及其子体，例如，英国南克罗夫蒂矿发现了来自花岗岩围岩析出的氡气，作为环保问题引起了足够的重视并采取了相应的措施。

云锡对于矿工肺癌的防治，在防护技术方面进行了大量的研究，取得了显著的成绩。他们认识了氡及其子体的危害，查明了氡的来源、析出规律和污染机理，摸索出防氡密闭的新工艺；探索了压力分布对氡析出的影响，建立了以压为主，压抽结合的十多条机械通风系统，由于采掘作业地点分散，成功地使用了多级机站通风方式；研究出矿井溜井群防尘，在采掘工作面降尘、降氡子体的新方法及多种局部矿山沐浴、更衣卫生设施。由于开展综合治理技术研究，使井下劳动环境有了很大的改善，矿工肺癌发病率得到了很好的控制，解决了脉锡矿开采中最大的环保问题。

第五章 锡矿石的选矿

第一节 概 述

一、锡矿石的特点

选矿是采矿与冶炼之间的中间加工过程。选矿方法的选择、选矿过程的繁简主要是由矿石性质来决定的；当然，还要考虑资源和生产条件、采矿和冶炼方法及相应的要求等。各类锡矿石所具有的共性及选矿特点介绍如下：

（1）有价锡矿物的单一性。已发现的锡矿有 50 多种，但只有锡石和黝锡矿（又名黄锡矿）才具有工业价值。锡石是主要锡矿石，黝锡矿量很少（仅少于1%）。由于锡石密度为6.8~7g/cm^3，比矿石中脉石矿物的密度大得多，重选是以前锡矿石选矿的唯一方法。但是随着复杂共生矿开采量的不断增大，锡石浮选的应用也被逐步扩大。目前，世界上锡精矿产量90%以上来源于重选。

（2）锡石化学性质稳定，且性脆而易碎。锡石不溶于一般的酸或碱，在自然风化过程中具有相当高的稳定性。伟晶岩和石英脉等原生锡矿床形成的砂锡矿，遭风化和搬迁越烈，锡石单体分离度越好，越集中在可选粒级范围内，可选性越好。锡石-硫化物矿床氧化越深，原矿含泥量越多，被氧化的伴生硫化物与锡石分离困难或难以综合回收。锡石性脆而易碎，在磨矿时易过粉碎，需采用阶段选别方法，这是锡矿石选矿的一大特点。

（3）锡矿石中伴生有价矿物多，选矿难度大。一些锡矿属于多金属共生矿（如大厂矿），伴生有价金属多（如铜、铅、锌、钨、铋、锑、银、铟、镉等），矿物种类复杂，综合利用任务繁重，选矿难度大，这是锡矿石选矿的另一大特点。

（4）锡矿石品位低，选矿富集比高。与铜、铅、锌等有色金属矿相比，锡矿石品位低。易选的砂锡矿品位为0.01%~0.1%，脉锡矿除少数富矿区外，平均低于1%。而锡精矿品位最低要求40%以上，即富集比高达百倍至数千倍。这就要求易选矿石尽量采用高处理能力、低消耗的设备及方法。对难选矿石，为了缓解回收率与富集比之间的矛盾，则在产出高品位精矿的同时，另行产出低品位精矿或中矿用不同的冶金方法处理，这也是锡矿石选矿的又一特点。

综上所述，尽管中国的锡资源丰富，然而大多为锡石-多金属共生矿床及其次生的氧化脉锡矿和残坡积砂锡矿。与世界锡资源的同类矿石相比，中国锡矿石总体上锡平均品位低、锡石粒度细、伴生矿物多、矿物组分复杂、共生关系密切，致使锡石的选矿及有价矿物综合回收困难。中国锡业界就是针对这样难处理的原料，经过长期科学研究和生产实践，攻克了一系列技术难题，研究成功并形成了先进的中国独特的锡选矿生产工艺，中国的锡矿石重选及锡石浮选都具有世界先进水平。

二、锡矿石选矿方法

锡矿石选矿与其他矿石选矿一样，有选前准备作业、选别作业和选矿产品处理三大部分。

（一）选前准备作业

选前准备作业包括洗矿、预选、磨碎、筛分和分级等，由于各类矿石性质不同，因此各作业的重要性各异。

洗矿是为了分离黏结在矿块上的矿泥，以避免流程阻塞，有利于预选和隔除废石，避免单体锡石入磨。常用的洗矿设备有：洗矿筛、水力洗矿床、圆筒洗矿机、槽式洗矿机等。

由于锡矿床地质品位低，加上采矿工程的贫化，因此入选锡矿石品位更低，需通过预选预先丢弃大量脉石和废石，以提高入选品位，增加处理量和精矿产量，降低生产成本。常用的预选设备有：各类型重介质选矿机及隔废条筛、振筛，也有人工手选及光电拣选机、X射线辐射拣选机等。

碎矿与磨矿是使有用矿物与脉石间单体解离的过程，除冲积砂锡矿不需碎磨外，其他矿石根据性质及选厂规模大小通常都需要采用一至三段碎矿。常用的破碎机有颚式破碎机、圆锥破碎机；粗精矿还需破碎时，用对辊破碎机。

筛分在锡选矿厂中有四种用途：一是破碎作业的预先筛分和检查筛分；二是粗粒级选前分级；三是洗矿、隔渣；四是闭路磨矿。常用的筛分设备有固定条筛、板筛、网筛、圆筒筛、振动筛、弧形筛、高频细筛等。

在以重选为主的锡选矿中，分级脱泥具有特殊意义。原矿制备作业中泥砂分级及中细粒级选前分级的目的是为了提高分选料率。脱出废弃矿泥对入选物料起到富集作用，不仅提高分选效率，还节约大量分选设备，提高经济效益。此外，分级还可以用于闭路磨矿和磨前浓缩脱水，常用的分级设备有机械分级机、水力分级机、分泥斗及水力旋流器。

（二）选别作业

锡矿石的分选方法主要是重选。但对多数矿石来说，还必须配合以抬浮、浮选、磁选、电选等物理选矿方法，有的还须采用焙烧、挥发、浸出等化学方法，形成多种选矿方法联合及选冶联合的流程，以达到提高锡回收率、降低精矿杂质含量及综合回收有价矿物的目的。

浮选在锡选矿中的应用主要有三个方面，一是从矿泥中浮选回收细粒锡石，二是在粗精矿中浮选分离各种伴生矿物，三是在锡石-硫化矿的选矿主干流程中分离各种硫化矿物。根据不同情况，浮选可以用于重选的前面，也可以用于重选的后面，因而就有重—浮—重、浮—重—浮、浮—重、重—浮等多种选矿流程。

磁选和静电选主要用于重选粗精矿的精选。磁选可进行锡石与铁矿物、黑钨矿、钽铌矿、独居石等的分离。静电选多用于锡石与白钨矿、锆英石、独居石等的分离。磁选也有在主干流程中应用的实例，在重选或浮选前用磁选除去磁性矿物，以提高重选或浮选的效率。

（三）选矿产品处理

由于锡矿石品位低、锡精矿品位高、精矿产率小，故重选锡精矿仅用自然沉降脱水即可，若无特殊要求，一般可不经过滤、干燥过程。对综合回收的铜、铅、锌、硫等浮选精矿及锡石浮选精矿产量大时，则需要浓缩过滤作业。

尾矿处理是锡选矿的重要环节。尾矿排放量大，堆存时必须注意少占农田和用后复田。尾矿水的净化、回收利用既是环境保护的需要，也是降低生产成本的重要措施。

第二节 锡矿石重选

重力选矿法就是利用不同密度或粒度的矿粒在介质中运动的差异对矿粒群进行分离的一种方法。矿粒群在介质中分离的基本过程是：沉降—分层(分带)—分离，即密度或粒度大小不同的矿粒，在重力作用下以不同的速度沉降并在其他力作用下按密度大小进行分层（分带），密度大的在下层，密度小的在上层。当分层完成后，采用适当的方法把上下层或密度大小不同的矿粒分离开来成为不同的产品，密度大的是精矿，密度小的是尾矿，密度大小混杂的是中矿。

锡选矿中常用的重选设备主要有：用于预选的锥形或鼓形重介质选矿机、重介质旋流器；用于矿砂选别的跳汰机、圆锥选矿机、螺旋选矿机、粗细砂摇床；用于矿泥选别的粗选设备有离心选矿机、摇动翻床等；用于矿泥选别的精选设备有皮带溜槽、横流皮带溜槽、矿泥摇床等。在东南亚至今还使用着木溜槽作为砂锡矿的粗选设备；一些小型选厂还使用着圆槽、匀分槽、淘洗盘、铺布溜槽等土法淘洗设备。近半个世纪以来，重选设备的发展主要表现在粗选设备高效、低耗、大型化及下降回收粒度下限两个方面。各种重选设备应用范围不同，选矿性能各异。一种矿石的选别不是一种设备可以完成的，应根据不同的矿石性质，选用不同的设备，组成合理的重选工艺流程，才能获得高的效率指标和经济效益。

第三节 锡石浮选

浮选是有色金属应用最广泛的选矿方法，然而锡石浮选的工业应用却进展缓慢，到了 20 世纪 60 年代，工业生产应用才有较快的发展。由于经济成本、环保等原因，锡石浮选只能作为锡矿石重选的补充，而不能完全取代重选。

锡石浮选与其他矿石的浮选一样，都是以矿物之间的可浮性差异为前提。要达到锡石与其他矿物分离的目的，首先是选用高效、选择性强的锡石捕收剂，同时必须根据不同的矿石性质，添加不同的调整剂，选择适当的作业条件，力求扩大锡石与其他矿物的可浮性差异。另外，在工艺流程上采取必要的措施，如预先脱粗、脱泥，先浮出易浮矿物，尽量排出对锡石浮选有干扰的有害离子，浮选锡石的作业回路应安排适当等。

捕收剂的研究工作对锡石浮选技术的发展起着主导作用，它标志着锡石浮选的发展水平。研究过的锡石捕收剂超过 100 种，在工业生产中应用的概括起来有四类：脂肪酸、胂酸、膦酸、磺化琥珀酸。脂肪酸类捕收剂由于选择性差和矿浆温度需保持在 20℃ 以上，而逐渐被其他药剂所取代。其他三类捕收剂也各有优缺点，需根据矿石性质、作业环境和条件选用。

调整剂的作用是扩大锡石与各种矿物之间的浮游度差，使浮选过程具有良好的选择性，主要是调整矿浆的 pH 值及抑制剂的选用。矿浆 pH 值的调整剂常用的有碳酸钠、烧碱、硫酸等，关键是根据矿石性质确定适当的 pH 值，使锡石最大限度地浮游而其他矿物不浮或少浮。

在锡石浮选中，常用的抑制剂有：氟硅酸钠、羟甲基纤维素、六偏磷酸钠、腐殖酸钠、水玻璃等，应根据采用的捕收剂与矿石性质来选用。一般是六偏磷酸钠及腐殖酸钠对氧化铁矿物有较好的抑制作用。而水玻璃、氟硅酸钠对硅酸盐及石英有较强的抑制作用。对方解石等碳酸盐脉石，使用羟甲基纤维素可获得良好的抑制效果。

第四篇

锡的冶炼

第一章 锡精矿的炼前预处理

第一节 概 述

现代锡冶炼包括四个主要生产工序，即锡精矿预处理、还原熔炼、精炼和烟尘与炉渣的处理。锡精矿预处理是锡冶炼的首要工序。

从自然界开采出的锡矿称为锡原矿。锡原矿的锡品位一般为0.01%～1.7%，经过选矿处理后，进入锡冶炼厂的锡精矿含锡品位大多数为40%～70%。锡矿资源伴生的铁、砷、锑、硫、铅、铋、钨等许多矿物杂质，用传统的重选、浮选或磁选等物理方法较难分离除尽，有一部分会以混合物、共晶体或化合物等形式伴随精矿进入锡冶炼厂，当矿物杂质达到某一数量时，会导致锡冶炼工艺流程复杂化、回收率降低、经济效益变差、产品质量受影响或企业周围环境状况恶化等一系列问题。为此，多数锡冶炼企业根据锡精矿中各种杂质的物理或化学性质，运用焙烧、酸浸和烧结等较为经济的工艺方法，在精矿入炉熔炼前进行预处理，降低或除去锡精矿的杂质，消除或降低杂质对锡熔炼过程的有害影响。锡精矿的预处理通常有以下四类方法：

（1）焙烧法脱除砷、硫、锑，同时磁化精矿内的铁或提高其他金属的溶解性；

（2）磁选法脱铁或钨；

（3）浸出法脱钨、铋、砷、锑或其他金属杂质；

（4）烧结法转换钨、铁、铋、铅等杂质的物理或化学性质，提高金属的溶解性，与浸出法配套。

为确保入炉混合料的综合杂质品位控制在经济运行范围内，炼锡企业对进入熔炼炉锡原料杂质成分品位的监控一般要求较严，其中硫、砷、锑、铜和铋等杂质元素品位在进入熔炼炉前均需控制在1%以下。

在20世纪末至21世纪初，随着全球对环境保护和能源节约的理解和重视程度不断提高，有的工厂将锡精矿的炼前预处理与炼后的烟尘与炉渣的处理相结合进行了一些有益的探索。例如，针对单独处理含硫高的精矿和冶炼过程的炉渣时存在大量热能释放与水耗浪费，导致炉窑烧结、烟道阻塞、环境恶劣，而单独焙烧处理高砷精矿、烟尘时需要燃煤或电能外供热，存在能源和水资源的消费不合理的问题，将含砷、硫杂质高的锡精矿与炉渣或烟尘搭配焙烧，为锡冶炼企业节能降耗、提高技术经济指标和改善环境起到事半功倍的效果。

第二节　锡精矿的焙烧

一、焙烧的目的和基本原理

锡精矿焙烧预处理的目的是促使锡精矿中的杂质硫、砷和锑等转变为气态的氧化物而被挥发除去，以避免锡精矿中的硫在下一步高温还原熔炼过程中产生 SnS 挥发物而损失锡，避免砷和锑等以金属形态进入粗锡而形成各种复杂的高熔点的合金锡渣，例如锡冶炼“硬头渣”、溶析渣、锡精炼渣等，从而提高锡冶炼产品直接回收率，降低冶炼生产成本。

硫、砷和锑在锡精矿中存在的主要形态为：黄铁矿（FeS_2）、毒砂（FeAsS）、砷磁黄铁矿（$FeAsS_2$）、砷铁矿（$FeAs_2$）、辉锑矿（Sb_2S_3）、黄锡矿（Cu_2FeSnS_4）和方铅矿（PbS）等。这些矿物质在隔氧或中性气氛受热后，到一定温度时会发生热离解反应，例如：$FeS_2 = FeS + S_2$。矿物的热离解和相变挥发，属于吸热反应，需外供热才能实现。

在精矿焙烧过程中，精矿中的硫、砷、锑等物质在一定条件下与空气中的氧发生反应，生成气体 SO_2 和易挥发的 As_2O_3 和 Sb_2O_3 而被除去。然而，As_2O_3 在焙烧过程中，会有一部分进一步与氧反应，生成难以挥发的 As_2O_5。As_2O_5 能与 PbO 等金属氧化物发生反应形成稳定性高的砷酸盐。在焙烧温度下，砷酸盐一旦形成就难以分解除去。Sb_2O_3 在焙烧过程中，也会与氧发生反应，生成难以挥发的 Sb_2O_5。为确保或提高砷和锑的脱出率，生产上一般采用控制炉窑温度低于物料软化点，尽可能不发生物料软化烧结的前提下，提高焙烧温度，降低炉窑内气体含氧量（或称降低炉气中氧的分压）的方法，减少或避免 As_2O_5 和 Sb_2O_5 的产生。

在焙烧过程中，适当降低炉气的含氧量，可使精矿中的各种铁氧化物转化成具有磁性的 Fe_3O_4，从而在下一步还原冶炼前用磁选的方法将铁预先除去。然而焙烧过程中磁性铁的生成，容易造成窑结或炉结，不仅会影响焙烧生产正常运行，而且会导致磁选尾矿含锡达 10% 以上，磁选精矿直接回收率偏低。

在经过焙烧的精矿中，除上述易挥发杂质外的其他多数金属杂质，如铋、铜、锑和铅等，都会由原硫化物或碳酸盐的存在形式转变为酸或碱可溶性的氧化物，而锡石（SnO_2）化学稳定性高，是酸碱不溶物，所以就可应用焙烧加酸碱溶解的方法将由这些金属构成的危害锡冶炼的杂质在炼前预先脱除出去。

二、锡精矿的焙烧方法

（一）按化学原理分类

按照不同的化学原理，锡精矿的焙烧方法可分为：氧化焙烧法、氯化焙烧法和氧化还原焙烧法等。

氧化焙烧法是指用炉内流动的空气中的氧与矿料中的硫化物，在一定的条件下，进行氧化还原反应，让精矿中的硫、砷和锑等变为挥发性强的氧化物从精矿中除去的焙烧方法。一般用于高品位精矿的脱硫或将炉窑内的各种物质转化为氧化物或可溶性盐。

氯化焙烧法是指在炉内矿料中加入氯化钙等氯化物，使矿料中的各类物质形成溶解性或挥发性强的氯化物达到相互分离的目的。氯化焙烧法作业成本高，一般用于处理含锡低和高价值金属共存的矿料。

氧化还原焙烧是针对矿料中的某一物质元素的化合价而言，例如 $FeAs_2$、As、As_2O_3 和 As_2O_5 中的砷元素，其化合价分别为 -1、0、+3 和 +5，因焙烧的目的是要获得挥发性强的 As_2O_3 中间化合价产物，需用入炉空气中的氧气氧化低价态砷化物。但当炉气中氧含量过高时，As_2O_3 将被氧化成不易挥发的 As_2O_5 高价化合物。为了解决这一问题，在生产中，利用矿或煤在燃烧过程中生成的不稳定的硫化物或 CO 等作为还原剂，在控制有利于 As_2O_5 被还原成 As_2O_3 的条件下进行焙烧。因该法是针对某一元素采取的既有氧化又有还原的焙烧方法，故称做氧化还原焙烧法。

（二）按采用的焙烧主体设备分类

按采用的焙烧主体设备的不同，锡精矿的焙烧方法可分为：多膛炉焙烧、流态化炉焙烧和回转窑焙烧等，分别如图 4-1 ~ 图 4-3 所示。

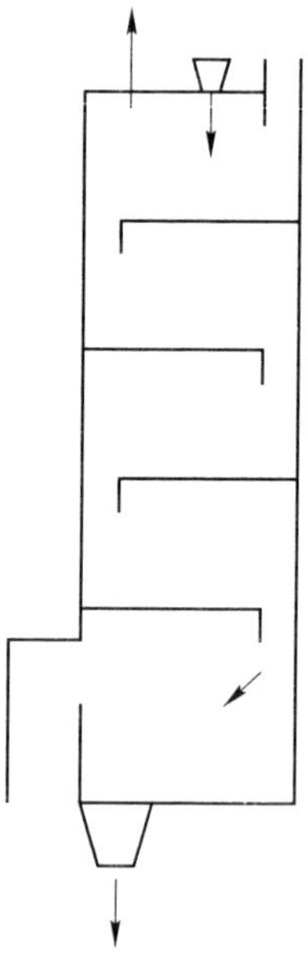

图 4-1 多膛炉

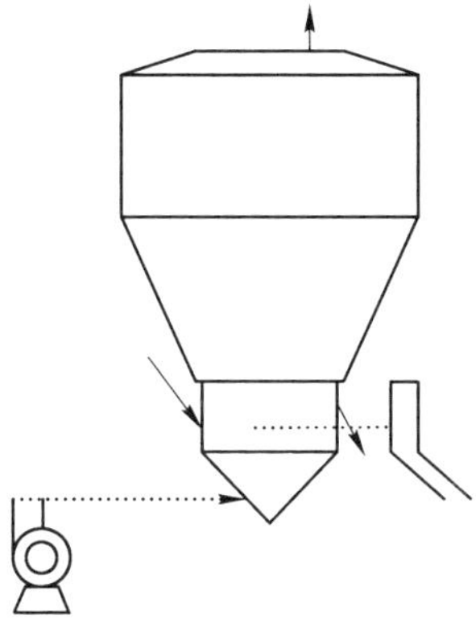

图 4-2　流态化炉

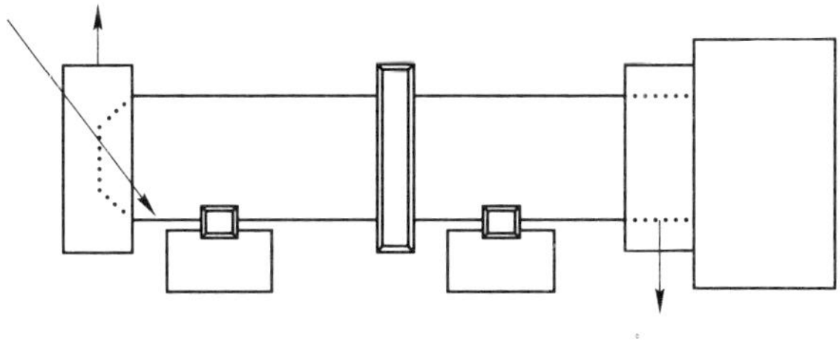

图 4-3　回转窑

（三）按物料的运动形态分类

按物料的运动形态，锡精矿的焙烧方法可分为：固定床焙烧和流态化焙烧等。

固定床焙烧是指炉窑内相对静止的物料与随时流动的炉内气体通过相互碰撞、能量交换、物理化学反应等途径，进行焙烧脱除杂质的工艺处理过程或作业方法，如针对多膛炉各层平台上静置物料的焙烧属于典型的固定床焙烧。回转窑内的物料虽随窑体转动而翻动，但仍属于固定床焙烧。

流态化焙烧是指物料分散悬浮在向上的气流中进行的焙烧工艺处理过程或作业方法。

三、多膛炉焙烧的主体设备及其操作

多膛炉的结构如图 4-1 所示。多膛炉分人工耙料和机械耙料两种。这两种设备的工作原理基本一致，均为：原料从炉顶料斗落入炉内最高一台堆放，用人工或机械耙平焙烧，停留一段时间后再耙到下一台，最底层与火仓或供风供热设施相接，炉内焙烧温度一般由上向下逐级升高。多膛炉操作方法简单，焙烧气氛容易控制，脱砷等指标容易达到 95% 以上，焙渣含砷容易低于0.2%，烟尘量少，但处理量较低，人工、燃料和机械设备费用损耗大。多膛炉属于较为古老的一种类型的焙烧设备，但有的厂家目前仍在使用。

四、流态化焙烧主体设备及其操作

（一）流态化焙烧炉的结构

目前，国内用于锡精矿焙烧的流态化炉的结构如图 4-2 所示。自下而上，由风包、炉底、炉体和炉顶等四个部分组成，炉的外壳由钢板焊接而成。

炉底为厚 20mm 以上的水平钢板制作的花板，每平方米布有钻孔约 80 ~ 100 个，每个孔平底边垂直焊接一根无缝钢管固定风帽，风帽风眼的总截面积一般为炉内底面积的 1.67%。炉体和炉顶内衬耐火砖，炉墙厚460mm。炉顶钢制的盖与炉体钢壳一般用螺栓连接。

炉体内部自下向上分为三段：由流态化床与溢流口和进料口组成的小柱筒体段、下小上大的“台”形扩散沉尘段和有含烟气侧面出口的大柱筒体段。炉底风帽到炉顶部烟气出口的高差大多在8m以上。流化床高度约0.5～0.85m，以溢流口底边为准。

炉底正下方是锥体或“台”形的风包，空气由罗茨鼓风机鼓入风包后，经过风帽阻力板，从风眼进入炉内。

（二）流态化焙烧炉的操作

流态化炉开炉前炉底均匀铺设约400kg/m^{2}的底料，用木柴或其他燃料升温，烘干炉体和炉料，升温至炉温600℃以上，确认炉料干燥松散后，鼓风至炉料自燃并形成流态化床后，温度达680℃以上才能进料。起初升温速度控制在5～20℃/min左右。达到700℃后，通过适当增减料量和入炉风量检查流态化床温是否会随之升降，确认炉温在操作可控升降的前提下，提高风量和温度至正常焙烧操作条件。流态化炉正常运行时，风量、风压和温度最好控制在波动幅度不超过±10个单位（m/h、Pa、℃）的范围内。

流态化炉在焙烧启动后，主要的操作是严格控制炉内氧化或还原气氛。通过提高入炉风量，减少配入矿料中的煤量，提高出炉烟气的O_2、CO_2或SO_2含量增强氧化气氛；通过减少入炉风量，提高入炉料配煤量或提高炉气的CO含量，增强还原气氛。精矿含硫高，一般用氧化气氛；

含砷高用弱还原气氛。根据观测或调节炉内各部分温度的变化，来对炉内氧化或还原气氛进行判断或控制。一般情况下，当炉顶抽风负压的绝对值小，而炉温又出现按炉子底部的流态化床、炉中部和炉顶部的烟气温度顺序逐一升高的情况时，表明炉内气氛的控制偏向还原，反之偏向氧化。

（三）流态化焙烧作业主要控制的技术条件

流态化焙烧作业主要控制的技术条件有：

（1）焙烧温度。对于固态的精矿而言，焙烧温度越高，精矿脱杂率越高。然而，流态化炉焙烧温度的控制受原料软化点的影响很大，因精矿物料颗粒受热升温到某一温度时，会软化变形，相互黏结，造成炉料结块和死炉。所以，焙烧温度应控制低于入炉物料的软化点。

（2）流态化层高度的设置对炉子正常运行、处理能力和脱杂指标的影响很大。流态化层的高度越高，物料在炉内的停留时间越长，杂质脱除率越高，但流态化床的阻力越大。流态化层太薄，则气流容易穿透，形成沟流，破坏流态化层的稳定。锡精矿流态化层的高度在0.5～0.8m之间，入炉料的平均停留时间为1.9～2.5h。

（3）流态化炉的风包压力主要由炉底空气分布板阻力和流态化层的压力降决定。在同一炉内，形成流态化的物料质量越大，则风包内测出的入炉气体压力越高，反之越低。炉底出现炉结时，风包内气体压力一般会大幅度下降。流态化床的温度升高或降低，会引起风包内气体压力跟随降低或升高。国内锡精矿焙烧设计和控制的流态化床的矿料堆积密度一般在 2.54 ~ 3.12g/cm^3 之间，流态化床的载矿量为1.1 ~ 1.5t/m^2，流态化床（层）的平均温度为 780 ~ 960℃，炉正常运行时的风包压力为 12 ~ 16kPa。

（4）入炉气体穿过流态化层的直线速度直接影响流态化层的稳定。直线速度低，产生沟流和分层现象，甚至较粗的颗粒会沉于炉底，形成炉结或粗粒冷砂堆积；直线速度大，烟尘率大，焙烧砂的产出率低，从而影响了炉子正常作业和运行的经济技术和环保指标。

锡精矿焙烧的直线速度一般控制在 0.17 ~ 0.62m/s 之间，生产中根据风包压力是否相对稳定，炉温测量值是否理想均衡，烟尘量是否低，焙烧砂产量和质量是否高，脱杂所需的氧化还原气氛是否得到满足等选择合适的鼓风量或直线速度。

（5）炉顶气体压力对稳定控制各段炉温、减少烟尘量、提高焙烧砂产量和质量有较大的影响。在确保烟气不外泄的前提下，炉顶气体压力一般控制在 -40 ~ 10Pa 之间。由负压向正压偏移，炉内氧化气氛减弱，还原气氛相对增强；烟气或炉温降低，烟尘量减少。

五、回转窑焙烧的主体设备及其操作

（一）回转窑的结构

用于锡精矿焙烧的回转窑是可以旋转的圆筒形窑体，外壳由钢板卷制焊接而成，外壳内衬耐温黏土砖，其结构如图4-3所示。窑体由多组托轮支撑，斜度约3%～5%，进料口和烟气出口同在较高一端，焙烧渣出口和供火在较低一端。窑体转动速度为0～2r/min；窑体长与内径比约(10～16.7)：1，根据炉料的性质及处理量、工艺参数控制和作业需求等综合考虑确定。

（二）回转窑的操作方法

设备经检查后开始升温，窑内温度达200℃前必须转动窑体，20m以上的回转窑的升温时间一般为2～3天。操作主要控制：窑内高温段和烟气出口的温度、窑的转动速度、烟气出口处的压力和窑内烟气的流速、均匀连续进料的料量大小和燃料供补热的大小等。

焙烧精矿常见的控制条件为：焙烧温度900～960℃，烟气出口温度350～450℃，烟气出口压力－30～－50Pa，窑速度0.25～1.2r/min。

六、焙烧的工艺流程

精矿炼前焙烧的原则工艺流程包括备料、配料、焙烧、焙烧渣冷却和烟尘回收与烟气处理等。

备料主要是根据精矿、还原煤、燃煤和其他原料的化学成分、粒度大小，含水分情况及其物理化学性质进行识别，分仓堆放或分别处理，以便焙烧作业能顺利运行并获取较好的经济技术指标，确保产品质量。

配料的主要作用是将识别分仓，或将经过破碎或制粒筛分控制选出的适宜于焙烧作业粒度条件的矿料，或经过堆滤、风吹晾晒或烘干处理的矿料，按焙烧所需配比条件进行计量搭配混匀。

焙烧包括控制配好的混合料的入炉料量或投料速度，确保焙烧主体设备和配套工艺设备按规定的条件正常运行并获取满意的焙烧渣质量和技术经济指标。

焙烧后出炉的焙烧渣（砂）的温度一般很高，为确保运料安全和方便下道熔炼工序作业，一般需进行冷却处理。冷却的方法有装入铁斗自然堆放冷却、用冷空气或水进行直接或间接热交换冷却。

烟尘回收与烟气处理是确保炼前预焙烧回收率和环保指标的必须配套工艺。常用的烟尘回收有沉降室、旋风收尘器、静电收尘器和布袋收尘器。常见的烟气处理有用于烟气降温的表面冷却器，用于吸收 SO_2 的硫酸制取车间或 SO_2 等有害气体的吸收设备，例如淋洗塔、泡沫塔和动力波喷雾器等。焙烧烟气经过处理后达到环保指标要求的尾气一般要用烟囱高空排放。

常见的流态化焙烧工艺流程如图 4-4 所示。

七、锡精矿焙烧的技术经济指标

具备可比性的锡精矿焙烧技术经济指标有：炉床处理能力、焙砂产出率、锡金属直收率、锡金属回收率、脱砷率、脱硫率、还原煤用量与燃煤耗等。

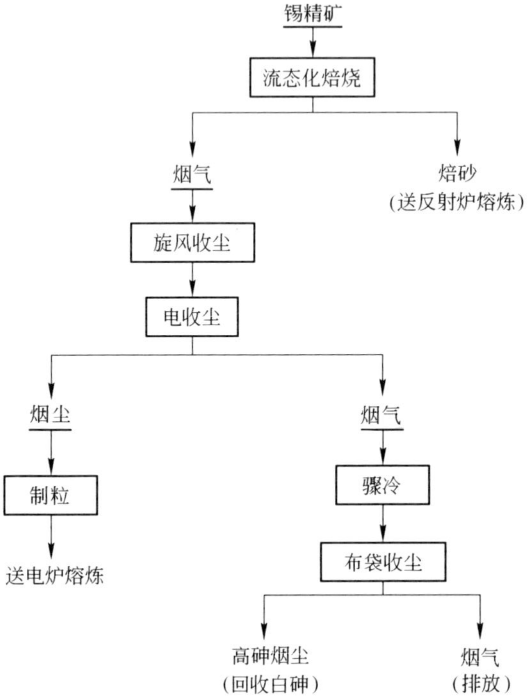

图 4-4 流态化焙烧工艺流程图

锡精矿焙烧技术经济指标参考实践数据见表 4-1。

表 4-1 锡精矿焙烧技术经济指标参考实践数据

指标名称	流态化炉	回转窑	多膛炉	备 注
炉床指数	10 ~ 16	1. 1 ~ 1. 5	2 ~ 3	
焙砂产出率/%	92 ~ 96	90 ~ 93	80 ~ 90	
焙砂锡直收率/%	≥98. 5	90 ~ 98. 5	90 ~ 98. 5	流态化炉高温收尘密闭连续返料计入直收
焙砂锡平衡率/%	99. 2 ~ 99. 5	98. 5 ~ 99. 24	98. 5 ~ 99	

续表 4-1

指标名称	流态化炉	回转窑	多膛炉	备　注
脱砷率/%	75～85	80～92	85～95	焙烧温度 800～960℃
脱硫率/%	85～96	70～90	75～85	焙烧温度 800～960℃
焙砂含砷/%	0.4～1	0.3～0.8	0.08～0.6	焙烧温度 800～960℃
焙砂含硫/%	0.2～0.6	0.3～1	0.3～0.8	焙烧温度 800～960℃

第二章　锡精矿的还原熔炼

第一节　概　　述

还原熔炼是从锡矿石获得金属锡的主要生产工序。还原熔炼的目的是在一定的熔炼条件下，使原料中锡的氧化物（SnO_2）还原成锡金属，同时使锡精矿中的其他脉石成分、固体燃料的灰分、配入的熔剂等生成炉渣，与金属锡分离。

还原熔炼是在高温下进行的，为了使锡和渣有效分离，提高锡的直接回收率，还原熔炼时要求炉渣具有黏度小、密度小、流动性好、熔点适当等特点。因此，应根据锡精矿的脉石成分，结合使用的燃料和还原剂等情况，选择和配入适当的熔剂。搞好配料工作，选择适当的渣型，是熔炼技术的关键。

还原熔炼的产品主要有甲粗锡、乙粗锡、硬头和炉渣。粗锡除主要含锡外，还含有铁、砷、铅、锑、铜、铋等杂质金属，必须进行精炼，才能得到不同等级的精锡产品。硬头含锡品位比粗锡低，含砷、铁较高，必须经过煅烧等处理，回收其中的锡。炉渣含锡通常在 4% ~ 10% 之间，称为富渣，为回收其中的锡，目前一般采用烟化炉处理。

还原熔炼的设备有反射炉、电炉、鼓风炉、转炉和顶吹炉（澳斯麦特炉）。鼓风炉和转炉已经很少有厂家使用，反射炉正在快速被淘汰，电炉还有使用，而顶吹炉熔炼技术正因其诸多的优势成为锡精矿还原熔炼的主要技术设备，也将成为未来锡冶炼的主要发展方向。目前，锡精矿的富氧还原熔炼技术也已经在顶吹炉还原熔炼上开发成功并得到应用，取得了重大的技术进步。对目前还在使用的反射炉熔炼、电炉熔炼及迅速发展的顶吹炉（澳斯麦特炉）还原熔炼将在下面作详细介绍。

第二节　还原熔炼的基本原理

一、碳的燃烧反应

在锡精矿的还原熔炼过程中，大都采用固体碳质还原剂，如煤、焦炭等。在熔炼高温下，当还原剂与空气中的氧接触时，就会发生碳的燃烧反应，根据反应过程，其反应可分为：

（1）碳的完全燃烧反应：

$$C + O_2 = CO_2 \qquad \Delta_r H_m^{\ominus} = -393129\text{J/mol} \qquad (4\text{-}1)$$

（2）碳的不完全燃烧反应：

$$2C + O_2 \xlongequal{} 2CO \qquad \Delta_r H_m^{\ominus} = -220860 J/mol \quad (4\text{-}2)$$

（3）碳的气化反应，也称布多尔反应：

$$C + CO_2 \xlongequal{} 2CO \qquad \Delta_r H_m^{\ominus} = +172269 J/mol \quad (4\text{-}3)$$

（4）煤气燃烧反应：

$$2CO + O_2 \xlongequal{} 2CO_2 \qquad \Delta_r H_m^{\ominus} = -565400 J/mol \quad (4\text{-}4)$$

这四个反应中除反应（4-3）外，其余三个反应均为放热反应，但是其热值的大小是不一样的。如果按反应（4-1）进行碳的完全燃烧反应，1mol 的碳可以放出 393129J 的热量；如果按反应（4-2）进行，即 1mol 的碳不完全燃烧时放出热量只有 110430J，不到反应（4-1）放热的 1/3，所以从碳的燃烧热能利用来说，应该使碳完全燃烧变为 CO_2。这样一来燃烧炉内只能维持强氧化气氛，即供给充足的氧气才能达到。但是对于还原熔炼来说，除了要求碳燃烧放出一定热量维持炉内的高温外，还必须保证有一定的还原气氛，即有一定量的 CO 来还原 SnO_2。

温度升高有利于吸热反应从左向右进行，即有利于反应（4-3），而不利于反应（4-2）向右进行。所以在高温还原熔炼的条件下，必须有足够多的碳存在，以使碳的气化反应（4-3）从左向右进行，保证还原熔炼炉内有一定的 CO 存在，促使 SnO_2 更完全地被还原。

综上所述可知，在锡精矿高温还原熔炼的条件下，碳的燃烧反应应该是反应（4-1）与反应（4-3）同时进行，才能维持炉内的高温（1000 ~ 1200℃）和 CO 还原气氛。对于不同的熔炼方法，反应（4-1）与反应（4-3）可以同时在炉内进行，也可以分开进行。如反射炉喷粉煤燃烧时，反应（4-1）主要是在炉空间进行，反应（4-3）主要是在料堆内进行。电炉熔炼是以电能供热，煤的加入是在料堆内进行碳的气化反应（4-3）供应还原剂 CO。如果采用鼓风炉或澳斯麦特炉炼锡，则碳燃烧反应（4-1）与反应（4-3）必须同时在炉内风口区或熔池中进行。

二、金属氧化物的还原

（一）氧化锡的还原

精矿、焙砂原料中的锡主要以 SnO_2 的形态存在，还原熔炼时发生的主要反应为：

$$SnO_2(s) + 2CO(g) = Sn(l) + 2CO_2(g) \tag{4-5}$$

$$C(s) + CO_2(g) = 2CO(g) \tag{4-3}$$

反应（4-5）为固态 SnO_2 被气态 CO 还原产生液态金属 Sn(l) 和气态 $CO_2(g)$，而大部分 $CO_2(g)$ 被固定碳还原反应（4-3），产生气态的 CO(g) 又成为反应（4-5）的气态还原剂去还原固态的 $SnO_2(s)$。如此循环往复，直至这两反应中的一固相消失为止。所以，只要在炉料中加入有过量的还原剂，理论上可以保证 SnO_2 完全还原。当两反应各自达到平衡时，其平衡气相中 CO 与 CO_2 的平衡浓度会维持一定的比值。在还原熔炼的条件下（恒压下），这个比值主要受温度变化的影响。若将平衡气相中的 CO 和 CO_2 的平衡浓度之和作为 100，则可绘出反应的 CO 含量与温度变化的关系。反应（4-5）与反应（4-3）的这种变化关系如图 4-5 所示。

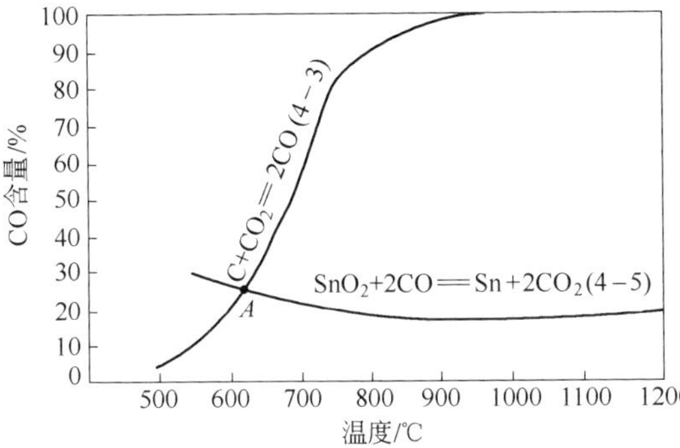

图 4-5　用 CO 还原 SnO_2 时气相组成与温度的关系

图 4-5 中反应（4-5）与反应（4-3）的两条平衡曲线相交于 *A* 点，与 *A* 点对应的温度约为 630℃，这意味着炉内的温度达到 630℃，若气相中 CO 的含量达到 *A* 点相应的水平（约为 21%），两反应便同时达到平衡。即用固体碳作 SnO_2 的还原剂时，只要炉内维持 *A* 点的温度条件，SnO_2 就可以开始还原得到金属锡，这个温度（约 630℃）就是 SnO_2 开始还原的温度，也即炉内的温度必须高于 630℃，才能使 SnO_2 被煤等固体还原剂所还原。

当炉内温度从 630℃ 继续升高时，反应（4-3）平衡气相中的 CO 含量会进一步升高，远高于反应（4-5）平衡气相中 CO 含量，即温度升高有利于反应（4-5）从左向右进行，反应（4-5）产生的 CO_2 会被炉料中的还原剂煤所还原变为 CO，以保证反应（4-5）继续向右进行。

在生产实践中，所用锡精矿和还原煤不是纯 SnO_2 和纯固定碳，其化学成分复杂，物理状态各异，另外受加热和排气系统等条件的限制，实际的 SnO_2 被还原的温度要比 630℃ 高许多，往往在 1000℃ 以上，并且要加入比理论量高10% ~ 20% 的还原剂，以保证炉料中的 SnO_2 能更迅速、更充分地被还原。

（二）锡精矿中其他金属氧化物的行为

可以根据金属氧化物对氧亲和力的大小，来判断或控制其在还原熔炼过程中的变化。对氧的亲和力比锡大的金属氧化物是第一类杂质，有 SiO_2、Al_2O_3、CaO、MgO 以及很少量的 WO_3、TiO_2、Nb_2O_5、Ta_2O_5、MnO 等，它们的吉布斯标准自由能变化 ΔG 比 SnO_2 的 ΔG 负得多，即稳定得多，它们被 CO 还原时，要求平衡气相组成中的 CO 含量高于 SnO_2 被还原时 CO 的含量，只要控制比锡还原条件还低的温度和一定的 CO 含量，它们就不会被还原，仍以金属氧化物的形态进入渣中。

对氧亲和力比锡小的金属氧化物是第二类杂质，有铜、铅、镍、钴等的氧化物，其 ΔG 较 SnO_2 负得少些，比 SnO_2 更不稳定些，它们在锡氧化物被还原的条件下，会比 SnO_2 优先被还原进入粗锡中，给粗锡的精炼带来许多麻烦，应在炼前准备阶段中尽量将其分离。

第三类杂质是对氧亲和力与锡差不多的铁的氧化物，其 ΔG 值与 SnO_2 的相近。生产实践表明，炉料中的铁氧化物部分被还原为金属铁溶入粗锡中，Fe_2O_3 被还原为 FeO 再与其他脉石 SiO_2 等造渣而入炉渣中。铁的氧化物还原的这种特性，给锡精矿的还原熔炼过程造成较大的困难。要使炉渣中 SnO 很充分地还原，得到含锡低的炉渣，势必要求更高的温度与更强的还原气氛，这就给渣中的 FeO 还原创造了条件，使其被更多地还原而进入粗锡中，使粗锡中的铁含量高达 1% 以上。当锡中的铁含量达到饱和程度，还会结晶析出 Sn-Fe 化合物，形成熔炼过程中的另一产品——硬头。硬头的处理过程麻烦，并造成锡的损失。因此在还原熔炼过程中控制粗锡中的铁含量，是控制还原终点的关键。在还原熔炼过程中，氧化锌的行为与氧化铁的行为类似，但由于金属锌在高温下易挥发，因此在实际生产中，锌主要分配在炉渣和烟尘中。

（三）影响金属氧化物还原反应速率的因素

根据热力学原理，若要氧化锡的还原反应进行，体系中 CO 的实际浓度必须大于平衡时的 CO 浓度。由于氧化锡的还原过程处于扩散区，因此过程的表观速率取决于传质速率，所以 CO 实际浓度与其平衡浓度之差成为过程的推动力。而化学反应的速率正比于其推动力与阻力之比，因此影响氧化锡还原速率及彻底程度的因素有：

（1）气流的性质。SnO_2 的还原反应主要靠气体还原剂 CO，故气相中的 CO 浓度越高，反应速率越快。

（2）炉料的性质。炉料的物理状态包括颗粒大小与含水量。精矿颗粒的粒度越小，比表面积越大，越有利于与气体还原剂接触。

（3）温度。锡精矿的还原过程是由一系列步骤组成的，温度对这些步骤的影响各不同，所以温度对于还原速率的影响呈现复杂的关系。但总的来说，升温有几个作用：一是锡还原反应本身是一个吸热反应，温度高对加速反应有利；二是温度高可增加解吸速度，加速 CO 和 CO_2 在精矿表面的扩散过程；三是随温度递增，SnO_2 的还原反应容易进行；四是随温度递增可以降低炉渣的黏度，加速扩散过程。

（4）还原剂种类及其加入量。还原剂的种类对还原速率有很大影响，含挥发分少的炭粉只在 850℃时才开始对氧化锡有明显的还原作用，而含挥发分较多的还原剂可以在较低的温度下或较短的时间内充分还原氧化锡。

三、炼锡炉渣、渣型选择及配料原则

（一）炉渣的基本组成

炉渣是炼锡的重要产品，为了提高炉子的生产率与锡的回收率、获得较好的技术经济指标，必须正确选择炉渣的组成，以便熔炼过程顺利进行。对于炼锡而言，重要的任务是分离锡与铁，尽量使铁造渣。

炼锡炉渣可以分为三大类型：

（1）高铁质炉渣。这种炉渣以氧化亚铁和二氧化硅二元组成为主。

（2）低铁质炉渣。这种炉渣以氧化亚铁、二氧化硅和氧化钙三元组成为主。

（3）高钙硅质炉渣。这种炉渣以氧化钙、二氧化硅和三氧化二铝三元组成为主。

（二）渣型选择

炉渣的性质，如熔点、黏度、密度、表面张力、硅酸度和导电性等，关系到渣与金属的分离的难易。选择合理的渣型，对熔炼过程的顺利进行并获得较满意的技术经济指标有着很大的意义。在选择炼锡炉渣渣型时应考虑的原则有：

（1）应掌握入炉物料的准确成分，选择的渣型应能最大限度溶解精矿中的脉石成分及有害杂质，又很少溶解或夹带金属锡。

（2）所选渣型的性质应满足熔炼过程的要求。对炼锡炉渣一般要求：熔点要低，但要适应熔炼方法的要求，一般控制在1100～1200℃；炉渣黏度要小，以不超过0.2Pa·s为好（在1200℃及1300℃下，碱度大于1.5时，工业炉渣黏度都低于0.2Pa·s）；密度应小于4.0g/cm^3，保证与粗锡的密度差值在2以上。金属-炉渣的界面张力要大，以利于金属液滴汇合与澄清分离。

（3）根据精矿中的铁与脉石成分配入适当的熔剂，以满足对炉渣性质的要求。

（三）配料计算

原则上选择了合理的渣型后，就可以开始配料计算，求出需要配入的熔剂量。具体计算方法有综合法与硅酸度法两种：

（1）综合法是一种比较准确的配料方法，但计算比较复杂，一般适用于入炉物料成分稳定、批量大的配料，或者需要准确计算时采用。

（2）硅酸度法是一种比较简单的、经验型的配料方法。它的特点是快速方便，适合于复杂多变物料的配料。实践证明，用此法计算的结果能满足工业生产的要求，是一种实用的配料方法。

第三节 锡的反射炉熔炼

锡精矿的反射炉熔炼工艺，是将锡精矿、熔剂和还原剂三种物料经准确地配料与混合均匀后加入炉内，燃料燃烧产生的高温（1400℃）烟气掠过炉子空间，以辐射传热为主加热炉内静态的炉料，在高温与还原剂的作用下进行还原熔炼，产出粗锡与炉渣，经澄清分离后，分别从放锡口和放渣口放出。粗锡流入锡锅自然冷却，于 800～900℃下捞出硬头，300～400℃时捞出乙锡，最后得到含铁、砷较低的甲锡。甲锡与乙锡均送去精炼。产出的炉渣含锡很高，往往在10%以上，可在反射炉再熔炼，或送烟化炉硫化挥发以回收锡。

现在锡精矿熔炼的反射炉类型繁多，按生产情况划分为以下三类：

（1）按燃料种类划分，有燃煤、燃油和燃气三种。

（2）按烟气余热利用划分，有蓄热式反射炉和一般热风反射炉，前者须用重油或天然气作燃料，后者多用煤作燃料。

(3) 按操作工艺划分，有间断熔炼和连续熔炼。

锡精矿反射炉还原熔炼过程以前均采用两段熔炼法，即先在较弱的还原气氛下控制较低的温度进行弱还原熔炼，便可产出较纯的粗锡和含锡较高的富渣；放出较纯的粗锡后，再将富渣在更高的温度和更强的还原气氛下进行强还原熔炼，产出硬头和较贫的炉渣，硬头则返回弱还原熔炼阶段。近代由于原矿品位不断下降，为了提高资源利用率，许多选矿厂都产出低品位（40% ~50% Sn）锡精矿，其中铁含量较高（往往在10%以上）。将这种低品位精矿加入到反射炉进行两段熔炼，会产出更多的硬头产品，在两段熔炼过程中循环，势必造成更多锡的损失及生产费用的提高。为了克服这一缺点，国内外许多采用反射炉熔炼的炼锡厂，大都采用了先进的富渣硫化挥发法来分离锡与铁，取代了原反射炉的强还原熔炼阶段。所以现代的反射炉熔炼不再采用两段熔炼法，而是用硫化挥发法产出 SnO_2 烟尘（含铁很少）取代硬头（Sn-Fe 合金）的返回再熔炼，由于 SnO_2 含铁很少，还原产出的硬头就不多了，富渣产量就少了，这就为反射炉还原熔炼处理高铁低品位锡精矿创造了有利条件。

锡精矿反射炉熔炼始于18世纪初，距今已有近300年的历史，在锡的冶炼史上起过重要作用，其产锡量曾经占世界总产锡量的85%。在冶炼技术上也做了许多改进，由于反射炉熔炼对原料、燃料的适应性强，操作技术条件易于控制，操作简便，加上较适合小规模锡冶炼厂的生产要求，目前许多炼锡厂仍沿用反射炉生产；但其生产效率低、热效率低、燃料消耗大、劳动强度大等一些缺点是难以克服的，正迅速被强化熔炼方法取代。

第四节 电炉熔炼

一、电炉的工艺流程

炼锡电炉属于矿热电炉（即电弧电阻炉），由3根电极供给三相交流电，还原熔炼所需热量靠电极与熔渣接触发出电弧和电流通过料层和炉渣产生，即热量在炉料内部产生，所以炉料受热熔化和化学反应是在炉料内部进行的，因此，电炉的熔炼是还原反应和造渣同时进行的。靠近电极的炉渣，由于温度升高和渣中存在反应所产生的气体使其密度降低，而沿电极上浮到料层表面，并向四周水平扩散；料层中温度较低的炉料则吸收上浮过热炉渣的热量而熔化，已熔化的炉料和已降温的炉渣混合在一起，又使密度增加而下沉，当沉降到电极插入的深度时，一部分向电极做水平运动而上浮连续循环，其余部分则继续沉到料堆的末端并落入下部比较平静的渣层而进行渣和锡的分离。

电炉炼锡已有70多年的历史，随着锡工业的发展和电炉操作制度的改革，特别是电炉对物料的适应性强、投资小，近几年发展较快。电炉炼锡的工艺流程如图4-6所示。

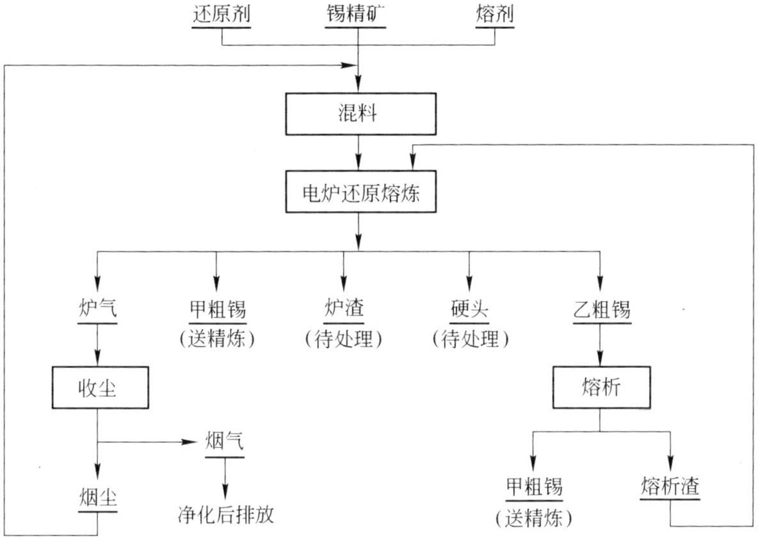

图 4-6　电炉炼锡一般工艺流程

二、电炉熔炼的特点

电炉熔炼的特点有：

（1）可以达到较高的温度（1300～1500℃），能熔炼难熔物料，对含有钨、钽、铌、三氧化二铝等的锡精矿，更具优越性。

（2）炉气量少，为反射炉的1/16～1/18，故挥发损失少，收尘设备投资少。

（3）床能力高，达到3～6t/(m^2·d)。

（4）热效率高，75%～80%。

（5）占地面积小。

（6）容易操作和控制，劳动条件好，劳动强度小。

（7）由于炉内高温和强还原气氛，对含铁高的精矿效果不佳，应尽量处理低铁锡精矿。

（8）电耗大，受供电条件限制。

（9）变压器、导电材料等费用高。

三、入炉物料

电炉熔炼根据其自身的特点，对入炉物料有一定的要求。

（一）原料

电炉熔炼对原料的适应性强，除锡精矿外，还可以处理各种锡渣、烟尘。为了保持操作稳定和较好的技术经济指标，原料需要配料和均化，并保证锡品位（60%～65%）及铁的含量（3%～5%）。为防止熔炼中炉料爆喷和减少电耗，炉料含水一般不超过3%，对于粉状物料，尤其是各类含锡烟尘，入炉前应先制粒（团）干燥，球团粒度以ϕ10～20mm为宜。

（二）熔剂

根据原料的不同及渣型的选择，配入的熔剂种类及量也有差异，生产上通常用石灰石、石英等。对熔剂一般要求石灰石含CaO大于50%，石英石含SiO_2大于90%，粒度不超过6mm，含水分应在3%以下。

（三）还原剂

电炉熔炼所用还原剂有无烟煤、焦炭、木炭等。焦炭及木炭作为还原剂时，活性及反应能力强，很少或没有挥发物产生，效果较好，但其价格相对较贵，工业上一般不采用。在实际生产中多用无烟煤作还原剂，虽产生部分挥发物黏附在收尘器内壁上，对收尘有影响，但比较经济适用，一般要求无烟煤中含铁大于60%、含 H_2O 少于3%、灰分少于25%，粒度以5～15mm为宜。

（四）渣型选择

电炉易达到较高的熔炼温度和保持较强的还原气氛，从而可以处理难熔物料，可以产生高熔点的炉渣，渣型选择的范围较宽。电炉熔炼低铁物料时，其渣型一般为：SiO_2 25%～40%、CaO 12%～36%、FeO 5%～25%、Al_2O_3 7%～20%。

在选择渣型时，还应考虑到熔渣的导电性、密度、黏度、渣量等因素，要有利于渣含锡低、导电性好、处理量大等技术经济指标。

第五节　澳斯麦特炉炼锡

一、澳斯麦特熔炼的一般生产流程

澳斯麦特技术也称为顶吹沉没喷枪熔炼技术。该技术是在20世纪70年代初由澳大利亚联邦科学与工业研究组织（CSIRO）在Floyd博士领导下，为处理低品位锡精矿和复杂含锡物料而开发的，因此，也被称为赛罗熔炼技术（Sirosmelt Technology)。1981 年，Floyd 博士建立澳斯麦特公司(Ausmelt)，将该技术应用于铜、铅和锡的冶炼。后来蒙特艾萨公司使用的艾萨炉也是起源于这一技术。

顶吹沉没喷枪熔炼技术是一种典型的喷吹熔池熔炼技术，其基本过程是将一根经过特殊设计的喷枪，由炉顶插入固定垂直放置的圆筒形炉膛内的熔体之中，空气或富氧空气和燃料（可以是粉煤、天然气或油）从喷枪末端直接喷入熔体中，在炉内形成剧烈翻腾的熔池，经过加水混捏成团或块状的炉料可由炉顶加料口直接投入炉内熔池。

1996 年，秘鲁明苏公司引进澳斯麦特技术，建成世界上第一座采用澳斯麦特技术年处理 3 万吨锡精矿，产出 1.5 万吨精锡的冶炼厂——冯苏冶炼厂（Funsur Smelter)。1997 年达到设计能力，1998 年改用富氧鼓风，在炉子尺寸完全不改变的情况下，年处理能力增加到 4 万吨锡精矿，产出 2 万吨精锡的水平。1999 年，该厂又上了一座澳斯麦特炉，使产锡能力进一步提高，使原来不生产精锡的秘鲁一跃成为世界产锡大国之一。2002 年 4 月，云南锡业股份有限公司建成了中国第一座澳斯麦特炼锡炉，设计能力为年处理 5 万吨锡精矿，是目前世界上最大的澳斯麦特炉。澳斯麦特炉炼锡的一般生产工艺流程如图 4-7 所示。

澳斯麦特技术的先进性主要表现在以下几个方面：

（1）熔炼效率高、熔炼强度强。澳斯麦特技术的核心，是利用一根经特殊设计的喷枪插入熔池，空气和粉煤燃料从喷枪的末端直接喷入熔体中，在炉内形成一个剧烈翻腾的熔

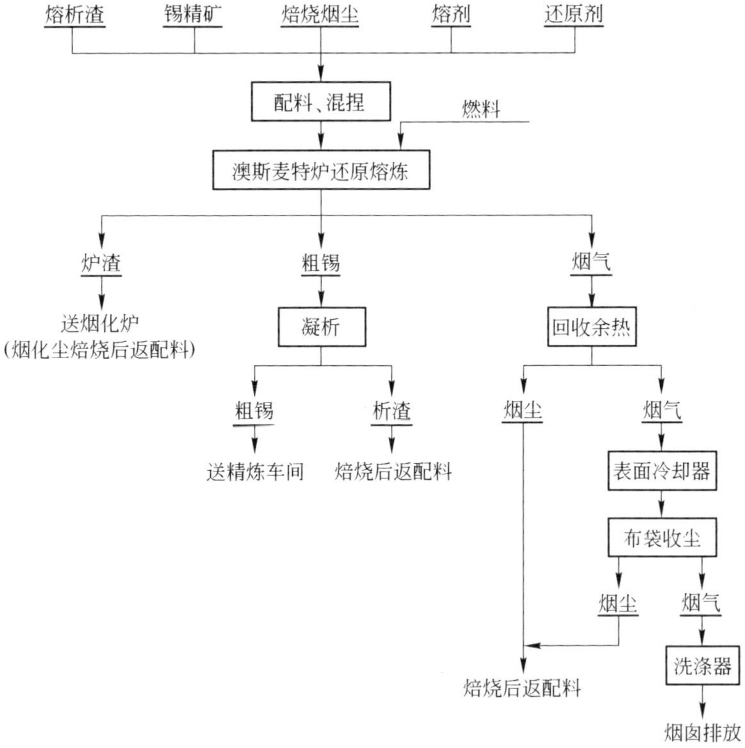

图 4-7　澳斯麦特炉炼锡的一般生产工艺流程图

池，极大地改善了反应的传热和传质过程，加快了反应速度和热利用率，有极高的熔炼强度。澳斯麦特炉单位熔炼面积的处理量（炉床指数）是反射炉的 10 ~ 20 倍。

（2）处理物料的适应性强。由于澳斯麦特技术的核心是有一个翻腾的熔池，因此，只要控制好适当的渣型，选好熔点和酸碱度，对处理的物料就有较强的适应性。

（3）热利用率高。由喷枪喷入熔池的燃料直接同熔体接触，直接在熔体表面或内部燃烧，并且由于熔体不断搅动，强化了对流传热，从根本上改变了反射炉主要依靠辐射传热，热量损失大的弊病。炉内烟气经一个出口排出，烟气余热得到充分利用，从而大幅度提高热利用效率，降低燃料消耗。

（4）环保条件好。由于集中于一个炉子，烟气集中排出，容易解决烟气处理问题。因澳斯麦特炉开口少，整个作业过程处于微负压状态，基本无烟气泄漏。此外，由于烟气集中，可以有效地进行 SO_2 脱除处理，从根本上解决对环境的污染。

（5）自动化程度高。生产过程计算机控制，操作机械化程度高，可大幅减少人员，劳动生产率高。

（6）减少中间返回品占用。澳斯麦特熔炼过程可通过调节喷枪插入深度、喷入熔体的空气过剩量、加入还原剂的量、加入速度以及通过及时放出生成的金属等手段，控制反应平衡和铁的还原，制取含铁较低的粗锡和含锡较低的炉渣，大大减少返回品数量。

（7）占地面积小、投资省。由于生产效率高，炉子主体仅占地数十平方米，主体设备简单，投资省。

二、澳斯麦特炼锡炉及其主要附属工艺设备

澳斯麦特炉炼锡系统一般分为熔炼系统、炼前处理系统、配料系统、供风系统、烟气处理系统、余热发电系统和冷却水循环系统等部分，如图 4-8 所示。设备连接如图 4-9 所示。

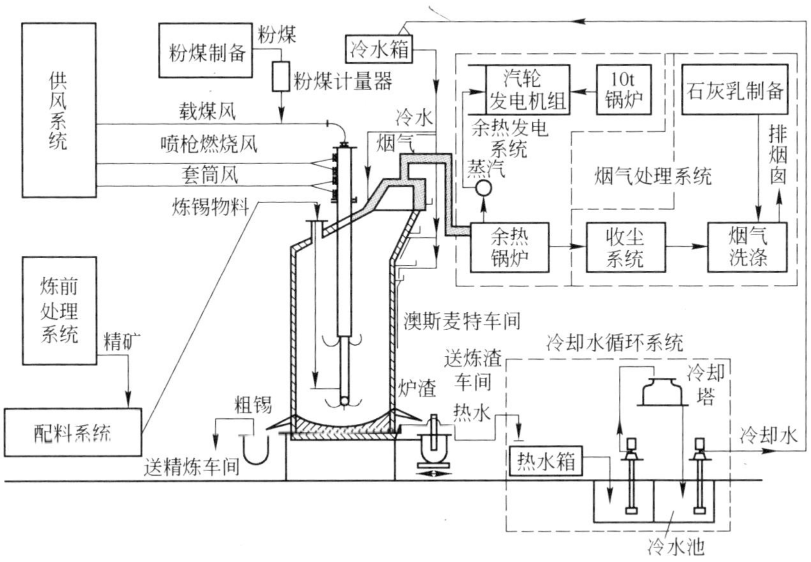

图 4-8　澳斯麦特炉系统分类图

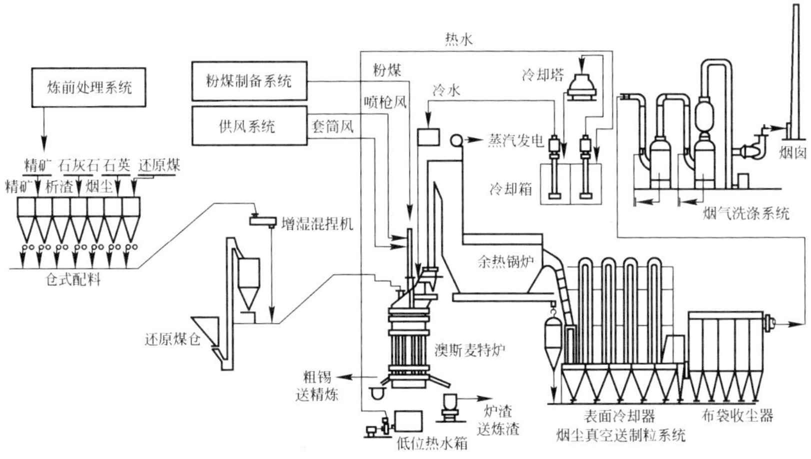

图 4-9　澳斯麦特炉炼锡设备连接图

澳斯麦特炉是一个钢壳圆柱体，上接呈收缩的锥体部分，再通过过渡段与余热锅炉的垂直上升烟道连接，炉子内壁全部衬砌优质镁铬耐火砖。炉顶为倾斜的平板钢壳，内衬带钢纤维的高铝质浇注耐火材料，其上分别开有喷枪口、进料口、备用烧嘴口和取样观察口。在炉子底部则分别开有相互成 90°角配置的锡排放口和渣排放口，渣口比锡口高出 200mm。

在熔炼过程中，经润湿混捏的物料从炉顶进料口加入，直接跌入熔池，燃料（粉煤）和燃烧空气以及为燃烧过剩的 CO、C 和 SnO、SnS 等的二次燃烧（套筒）风均通过插入熔池的喷枪喷入。当更换喷枪或因其他事故需要提起喷枪保持炉温时，则从备用烧嘴口插入，点燃备用烧嘴。备用烧嘴以柴油为燃料。

喷枪是澳斯麦特技术的核心，它由经特殊设计的三层同心套管组成，中心是燃料通道，中间是燃烧空气，最外层是套筒风。喷枪被固定在可沿垂直轨道运行的喷枪架上，工作时随炉况的变化由 DCS 系统或手动控制上下移动。

三、澳斯麦特炉炼锡的过程

澳斯麦特技术的特点就是熔池强化熔炼过程。还原熔炼过程周期性进行，通常将其分成熔炼、弱还原及强还原三个阶段。

（一）准备阶段

由于澳斯麦特熔炼是一个熔池熔炼过程，故在熔炼过程开始前必须形成一个有一定深度的熔池。在正常情况下，可以是上一周期留下的熔体。若是初次开炉则需要预先加入一定量的干渣，然后插入喷枪，在物料表面加热使之熔化，形成一定深度的熔池，并使炉内温度升高到1150℃左右即可开始进入熔炼阶段。

（二）熔炼阶段

将喷枪插入熔池，控制一定的插入深度和压缩空气及燃料量，通过经喷枪末端喷出的燃料和空气造成剧烈翻腾的熔池，然后由上部进料口加入经过配料并加水润湿混捏过的炉料团块，熔炼反应随即开始。

随着熔炼反应的进行，还原反应生成的金属锡在炉底部积聚，形成金属锡层。由于作业时喷枪被保持在上部渣层下一定深度（约200mm），故主要是引起渣层的搅动，从而可以形成相对平静的底部金属层。当金属锡层达到一定深度时，适当提高喷枪的位置，开口放出金属锡，而熔炼过程可以不间断。如此反复，当炉渣层达到一定深度时，停止进料，将底部的金属锡放完，就可以进入渣还原阶段。熔炼阶段需6~7h，熔炼结束后渣含锡13%~15%。

渣还原阶段根据还原深度的不同分为弱还原阶段和强还原阶段。

（三）弱还原阶段

弱还原阶段作业的主要目的是对炉渣进行轻度还原，即不使铁过还原而生成金属铁，产出合格金属锡的条件下，使炉渣含锡从13%~15%降低到3%~5%。为此，这一阶段作业炉温要提高到1200℃左右。这时要把喷枪定位在熔池的顶部（接近静止液渣表面），同时快速加入块煤，促进炉渣中SnO_2的还原。弱还原阶段作业时间约40～60min。作业结束后，迅速放出金属锡，即可进入强还原阶段。

（四）强还原阶段

强还原阶段是对炉渣进一步还原，使渣中含锡降至1%以下，达到可以抛弃的程度。这一阶段炉温要升高到1300℃左右，并继续加入还原煤。由于炉渣中含锡已经较低，因此，不可避免地有大量铁被还原出来，所以，这一阶段产出的是Fe-Sn合金。强还原阶段持续60～90min。作业结束后让Fe-Sn合金留在炉内，放出大部分炉渣经过水淬后丢弃或堆存。炉内留下部分渣和底部的Fe-Sn合金，保持一定深度的熔池，作为下一作业周期的初始熔池。残留在炉内的Fe-Sn合金中的Fe将在下一周期熔炼过程中直接参与同SnO_2或SnO的还原反应：

$$SnO_2 + 2Fe = Sn + 2FeO \tag{4-6}$$

$$SnO + Fe = Sn + FeO \tag{4-7}$$

因此，强还原阶段用于Fe的能源消耗最终转化为用于Sn的还原。

一些工厂强还原作业不在澳斯麦特炉内进行，而将经熔炼和弱还原两个过程得到含锡5%左右的贫渣直接送烟化炉处理，这样既可增加熔炼作业时间，又可提高锡的回收率。

四、澳斯麦特炉的富氧还原熔炼

（一）富氧熔炼的工艺流程

为进一步提高澳斯麦特炉还原熔炼锡精矿的效率、节约能源、减少排放、提高产量，2006 年 10 月起，云南锡业股份有限公司冶炼分公司开展了“锡精矿顶吹沉没熔炼炉富氧熔炼工艺技术的开发与应用”项目的实施工作，研究和开发了锡精矿顶吹沉没熔炼炉富氧熔炼工艺技术，并应用这一技术对原工艺和设备进行了全面的技术改造，有效地提高了生产效率、降低了烟尘率、提高锡冶炼回收率、降低了生产作业成本。锡精矿富氧熔炼的生产工艺流程如图 4-10 所示。

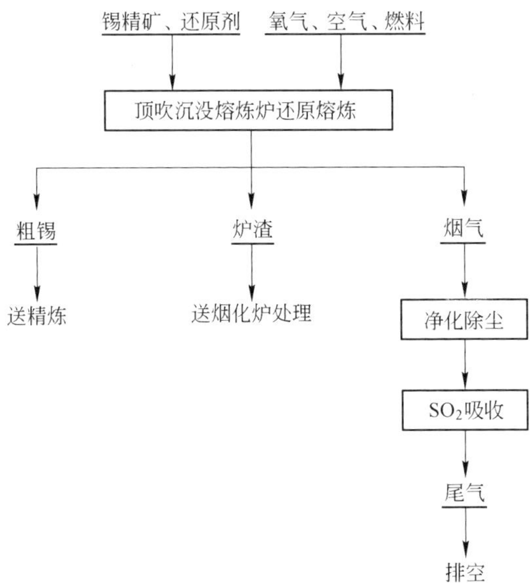

图 4-10　锡精矿富氧熔炼的生产工艺流程

（二）锡精矿富氧熔炼的特点

锡精矿的还原熔炼与硫化铅精矿和硫化铜精矿等硫化矿的熔炼不同，由于锡精矿中的锡均以氧化态（SnO_2）形式存在，因此，锡精矿的熔炼是还原熔炼，其主要反应为：

$$(SnO)_{渣} + CO = [Sn]_{金属} + CO_2 \tag{4-8}$$

在富氧熔炼的条件下，由于从喷枪鼓入熔池的气体中氧浓度大幅度提高，要使上述反应顺利进行，气氛的控制就显得非常重要。这也正是锡精矿的还原熔炼多年来未曾尝试过富氧熔炼的原因之一。

云锡在开发锡精矿富氧熔炼技术时，充分考虑了上述因素，在富氧气体与燃料的准确配入与完全燃烧上进行了认真分析和计算，确保在富氧喷入熔池的喷枪头处不出现氧化气氛，使得熔池中始终保持适度的还原气氛，以保证锡精矿的迅速有效还原，同时防止炉渣中的 FeO 氧化为磁性铁而产生泡沫渣的危险。

锡精矿富氧喷枪顶吹沉没熔炼工艺方法的主要优点在于：

（1）在锡精矿喷枪顶吹沉没熔炼炉中采用富氧熔炼，在喷枪风中混入氧气，在单位时间内投入炉内的总气量不变的情况下，使得单位时间内加入熔池的氧量增加，随着单位时间内投入炉内的燃料量、能量和处理的物料量同步增加，锡产量也增加。

（2）此种工艺方法使得熔炼速度和效率进一步提高，处理单位物料量的烟气量减少，烟尘率也随之降低，锡冶炼回收率进一步提高。

(3) 此种工艺方法的压缩空气与氧气混合后的富氧浓度在25%～40%之间;与空气熔炼相比，处理量增加20%～50%，产量增加20%～50%，而尾气系统处理的烟气量与空气熔炼相比基本保持不变。

锡精矿富氧熔炼，大幅度提高了生产效率，取得了良好的节能、环保、资源综合利用和经济效果。

第三章　粗锡的精炼

第一节　概　　述

一、杂质对锡性质的影响

锡精矿还原熔炼产出的粗锡含有许多杂质，即使是从富锡精矿炼出的锡，其纯度通常也不能满足工业应用的要求。为了达到标准牌号的精锡，总要进行锡的精炼。

粗锡中常见的杂质有铁、砷、锑、铜、铅、铋和硫，它们对锡的性质影响较大。

(1) 铁。含铁0～0.05%，锡的腐蚀性和可塑性没有明显的影响；含铁量达到百分之几后，锡中有$FeSn_2$化合物生成，锡的硬度增大。

(2) 砷。砷有毒。包装食品和生活用品的锡箔、镀锡薄板用的锡的含砷量限定在0.015%以下。砷引起锡的外观和可塑性变坏，增加锡液的黏度。含砷 0.055%，锡布氏硬度增至 8.7，锡的脆性也增大，锡的断面成粒状。

（3）锑。含锑 0.24%，对锡的硬度和其他力学性能没有显著的影响。含锑升高到 0.5%，锡的伸长率降低，硬度和抗拉强度增加，但锡展性不变。

（4）铜。用作镀层的锡含铜越少越好，因为铜不仅形成有毒的化合物，还会降低镀层的稳定性。含铜约 0.05%，会增加锡的硬度、拉伸强度和屈服点。

（5）铅。镀层用的锡含铅不应大于 0.04%，因为铅的化合物有毒性。用于马口铁镀锡的精锡近年要求含铅量更低，最好能低于 0.01%，以保证食品的质量。

（6）铋。含铋 0.057% 的锡，拉伸强度极限为 13.72MPa（纯锡为 18.62 ~ 20.58MPa），布氏硬度为 4.6（纯锡为 4.9 ~ 5.2）。

（7）锌。在镀锡中含锌不应大于 0.002%。含锌大于 0.24%，锡的硬度增加 3 倍，并降低锡的伸长率。

（8）铝。对锡的流动性和润湿性有害，不但影响外观和焊接操作，而且易发生氧化和腐蚀。在镀锡中含铝不应大于 0.002%。

二、粗锡的一般成分及精锡标准

各冶炼厂生产的粗锡成分波动范围很大，这主要取决于锡精矿的成分、精矿炼前处理作业及处理的工艺流程等。一般而言，粗锡成分大体可分为三类：第一类是处理冲积砂矿所获得的很纯净锡精矿，含锡在75%以上，含杂质很少，采用反射炉两段熔炼，其粗锡含锡在99%以上，只含少量的杂质元素；第二类是处理脉锡矿所获得的含锡在50%以上的锡精矿，经过炼前处理除去部分杂质后采用一段还原熔炼，其粗锡含锡90%以上，含有较高的杂质元素；第三类是处理脉锡矿所获得的含锡约40%的锡精矿，其他杂质含量高，又没有炼前处理作业，其粗锡品位在80%左右，粗锡中杂质元素含量高。粗锡的一般成分见表4-2。

表4-2 粗锡的一般成分 （%）

编号	化学成分						
	Sn	Fe	As	Pb	Bi	Sb	Cu
Ⅰ	99.79	0.0089	0.010	0.012	0.0025	0.005	0.002
Ⅱ	99.83	0.0144	0.0183	0.031	0.003	0.010	0.025
Ⅲ	94.68	1.25	1.07	1.19	0.05	1.22	0.20
Ⅳ	96.47	0.615	0.88	1.35	0.02	0.69	0.32
Ⅴ	79.99	3.11	3.82	9.07	0.295	0.096	1.29
Ⅵ	81.54	3.25	3.33	9.14	0.184	0.094	1.07

锡锭的化学成分应符合表4-3的规定。

表4-3 锡锭的化学成分 （%）

代号	Sn	杂质							
		As	Fe	Cu	Pb	Bi	Sb	S	总和
Sn9999	≥99.99	≤0.0007	≤0.0025	≤0.001	≤0.0035	≤0.0025	≤0.0020	≤0.0005	≤0.01
Sn9995	≥99.95	≤0.003	≤0.004	≤0.004	≤0.025	≤0.006	≤0.01	≤0.001	≤0.05
Sn9990	≥99.90	≤0.01	≤0.007	≤0.008	≤0.045	≤0.015	≤0.02	≤0.001	≤0.10

三、锡的精炼方法

精炼锡通常采用火法冶金和湿法冶金（电解）两种方法。

火法精炼锡的过程是由一系列的连续作业组成的，其中每一作业能够除去一种或两种杂质。火法的优点是生产能力较高，并且不使金属长期停滞在生产过程中，积压的锡量少。此外，火法精炼使杂质能够依次地提取出来，并富集于各种精炼渣中，这就为综合回收这些金属提供了条件。

国内外炼锡厂多数是以火法精炼为主，辅以电解精炼，少数采用全电解精炼。火法精炼是利用锡与杂质对氧、硫和氯的亲和力的差别，以及与杂质生成不溶于液体锡的化合物的药剂作用，来达到精炼目的。这些工序具有一个共同的特点，即生成的化合物杂质浮在液体锡上，可以固体或黏性产物形式从金属表面捞去。

第二节 锡的火法精炼

一、火法精炼的原则流程

由于各炼锡厂粗锡所含杂质不同，生产规模不同，以及原料供应及设备条件不一样，因而火法精炼流程也不一样。对于熔炼含杂质少的高品位精矿所产的粗锡，如马来西亚、泰国等，只用1~2道火法精炼作业就能得到高级精锡，精炼回收率达到99.45%。处理含杂质高的粗锡的火法精炼流程比较长。我国某冶炼厂，由于粗锡杂质含量高，采用图4-11所示的火法精炼流程，其中每一道作业除去一种或两种杂质，而有的杂质在几种作业中逐步除去，例如砷就在三个作业中相继除去（离心除铁、砷，凝析除铁、砷，加铝除锑、砷）。

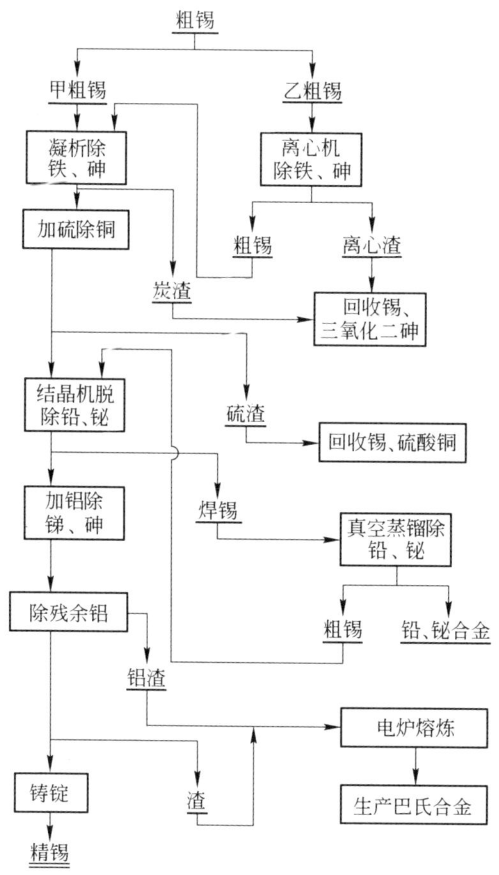

图4-11　锡的火法精炼原则流程

二、熔析法和凝析法除铁、砷

熔析法和凝析法的理论根据是铁、砷等杂质在锡液中与锡生成的高熔点金属间化合物在锡液中的溶解度随温度升高而增大。熔析法将含铁、砷高的固体粗锡（生产中称为乙粗锡）加热到锡熔点以上，高熔点金属间化合物保持固体状态，而锡熔化成液体，分开固体和液体，从而使锡与铁、砷分离。相反，凝析法是将含铁、砷低的已熔成液体的粗锡（称为甲粗锡）降温，由于溶解度降低，铁、砷及其化合物结晶为固体析出，分离出固体后，得较纯的液体锡，达到锡与铁、砷分离。

（一）熔析法和凝析法除铁、砷的原理

锡精矿还原熔炼得到的乙粗锡是以锡为主含铁、砷较高的粗锡，一般含1.5%～5% As、1%～10% Fe。根据Sn-Fe系状态图（见图4-12），锡和铁生成Fe_3Sn、Fe_3Sn_2、$Fe_{1.3}Sn$、FeSn、$FeSn_2$等金属间化合物。取Sn-Fe系的富锡端部分状态图（见图4-13）说明加热过程中铁与锡分离的情况：当温度升到232℃时，开始熔析出较纯的液体锡并不断移去，温度在232～496℃之间，铁以$FeSn_2$化合物保持固体状态留在粗锡残锭上。当温度由496℃升到901℃时，含铁的粗锡残锭中不断熔化并析出未形成化合物的液态残锡，同时金属间化合物不断分解而析出液态锡，而剩下的Sn-Fe合金视熔析温度不同分别以FeSn、Fe_3Sn_2、Fe_3Sn、α-Fe等形态残留在固相残渣中（称为熔析渣）。可

见，在升温过程中，固体渣（熔析渣）含锡逐渐降低，而含铁逐渐升高；相反，熔析出的锡随温度升高，含铁量上升，其铁的溶解度值为：

温度/℃	400	500	600	700	800	900
铁在锡液中的溶解度/%	0.024	0.082	0.22	0.8	1.6	2.8

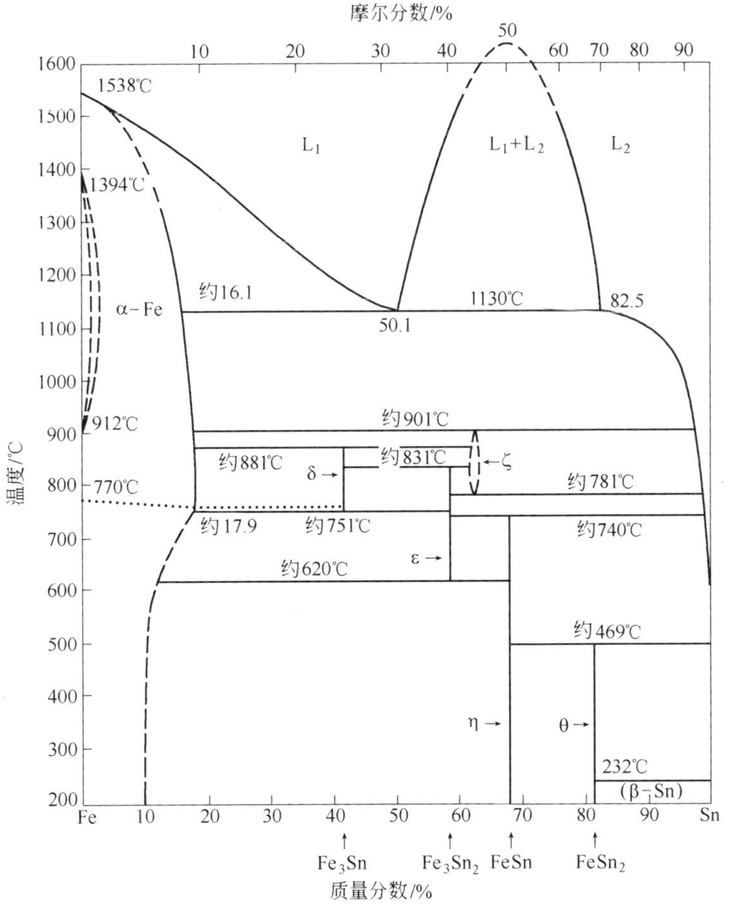

图 4-12 Sn-Fe 系状态图

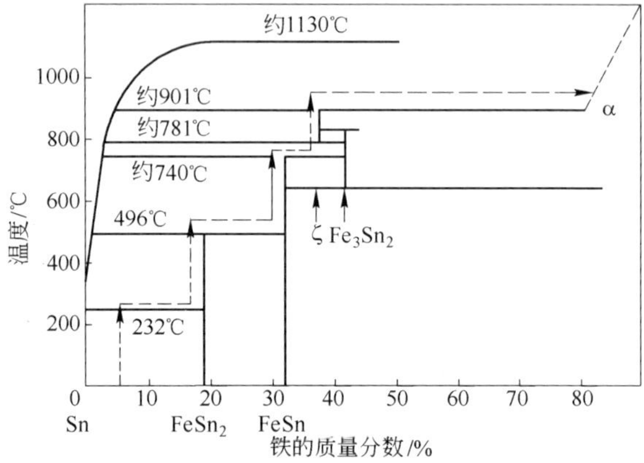

图 4-13 Sn-Fe 系的富锡端部分状态图

从 Sn-As 系状态图（见图 4-14）富锡端可以看出，砷或

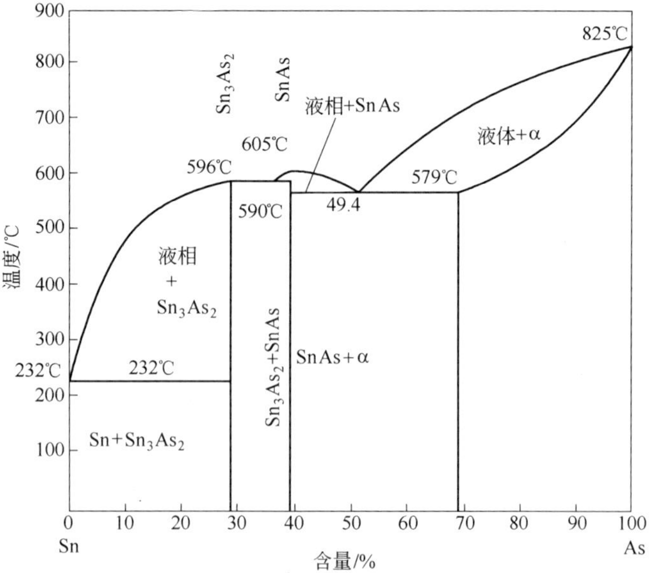

图 4-14 Sn-As 系状态图

Sn_3As_2 化合物在锡液里的溶解度随温度上升而增大。熔析温度在232～596℃时，Sn_3As_2 保持固体状态与锡液分离；超过596℃，Sn_3As_2 将熔化，失去除砷作用，故处理含砷高而含铁低的粗锡时，熔析温度应低于596℃。

粗锡中铁、砷同时存在，对熔析除铁、砷有利，因为铁对砷的亲和力大，生成两个化合物 Fe_2As（熔点为931℃）和 FeAs（熔点为1031℃），其间还有 ε 相（Fe_3As_2）包晶化合物。这些化合物和 ε 相的熔点和分解温度都很高，而保留于熔析渣里。

粗锡中存在许多杂质，相互生成一些难熔化合物，表4-4列出了可能存在的化合物，这些化合物在乙粗锡熔析时大部分留在固体渣（熔析渣）中，因此，熔析除铁、砷时，也附带除去一些别的杂质，如硫、锑、铜等。

表 4-4　粗锡中可能存在的化合物

化合物	熔点/℃	化合物	熔点/℃
$FeSb_2$	729 分解	Fe_2As	931
FeS	1190	FeAs	1031
CuS	1135	Cu_3As	827
SnS	881	Cu_2Sb	586 分解
SnAs	605	Cu_3Sb	684 分解
Sn_3As_2	596		

熔析法可除去粗锡中大部分铁、砷，但不能使其含量达到符合精锡标准，因此，在熔析除铁、砷后，粗锡需经凝析法处理。凝析法是将液体精锡降温，铁和砷在锡液中的溶解

度减小，达到过饱和状态成固体析出而分离。

在锡的熔点232℃时，铁的溶解度为0.001%；在300℃时，铁的溶解度为0.0046%。因此，将粗锡液温度降低到锡熔点附近，由锡液中凝析出 $FeSn_2$ 的细粒晶体，可使含铁量降低到约0.001%，能满足精锡的含铁要求。

在相同温度下锡液能溶解的砷量比铁多。在232℃时，砷的溶解度为0.14%～0.18%。所以通过熔析与凝析过程后，砷含量仍达不到精锡要求。若锡液中有铁和砷共同存在，则对除砷有利。

（二）熔析法除铁、砷的生产工艺及设备

炼锡厂的熔析设备主要为反射炉，少数也用电炉。用反射炉作熔析设备，其炉床为斜底，否则加入乙粗锡，熔析作业后期翻渣、出渣都不方便，炉内各点温度也不均匀；面积较小，以 $10m^2$ 左右为宜。炉床用黏土砖砌成，三面高，向放锡口方向倾斜。也有的工厂炉床分为两个区，温度较高的区域靠近燃烧室，用耐火砖砌成，靠炉尾一端是温度较低的区域，用生铁板做成，粗锡先在低温区熔析，而后再扒到高温区处理。

熔析法为间断作业，在反射炉中操作，每个工班处理一炉，也有三个班处理四炉的。出完前一炉熔析渣，炉温还保持在700℃以上，接着进下一批乙粗锡。锡锭从侧墙炉门加入，也有从炉顶加入到炉膛中，靠近火室的一端多加些锡锭，靠炉气出口的一端少些，使乙粗锡受热均匀。乙粗锡进完后，炉温下降至300℃，然后逐渐升温，使熔析速度加快。

熔析过程到后期，开始翻渣，把料堆底部受热少含锡高的固体料翻到面上，以便升高温度，降低含锡量，炉温相应地提高到800～900℃。当发现熔析渣有变稀的趋势时，应降低炉温，避免生成 Sn-Fe 合金大块，这样才能降低熔析渣锡含量，同时又不致给出渣和清炉造成困难。翻渣操作每炉2～3次。当熔析渣变成红色粒状、表面无锡珠，便可出渣。从开始进料到出渣完毕约4～7h；但遇到处理含砷高而含铁很低的乙粗锡时，因熔析温度不允许升得太快和过高（低于600℃），作业时间长达8～9h。熔析控制的技术条件主要是温度。

（三）凝析法除铁、砷的生产工艺及设备

火法精炼中凝析除铁、砷，加铝除锑、砷和加硫除铜所用的设备都由精炼锅和搅拌机两部分组成。

实践中，有的工厂采用空气、蒸汽吹炼液体锡，除去部分铁与其他杂质。熔锡由沉降桶直接倒入大铸铁锅中，并鼓风或使蒸汽通过熔化的锡，使其“沸腾”。在靠近锅附近的鼓风管或蒸汽管内安装聚水器，因为液态水的任何“液滴”，若被鼓入熔融锡内，将引起猛烈爆炸。在金属表面上有糊状的浮渣生成，捞去浮渣。此外，有的炼锡厂，由于铅、砷、锑在焙烧时除去，铜、铋含量极少，需要除去的杂质只有铁，因此，只需将反射炉精锡冷却至300℃，用浮渣笼取走表面渣，吹入0.49MPa的压缩空气保持温度400℃，扒渣两次，即得到精锡，全部过程只用3.5～5h。

凝析除铁、砷采取加锯木屑促使晶体悬浮物与液体锡达

到分离。粗锡装锅后，锡液的温度为280～300℃，观察有无砷、铁化合物结晶析出。如果锡液的温度高，看不到砷、铁化合物结晶析出时，则应降温搅拌，加入适量的锯木屑，捞去浮渣（炭渣），呈现洁净的锡液面。随着温度逐步降低，砷、铁化合物结晶析出逐渐增多，如果粗锡含砷多、含铁很少，Sn_3As_2 结晶析出，锡液面上有砂粒状耀眼的粒子，这时降温凝析、搅拌凝聚，投进锯木屑吸附，投入量以不影响旋涡正常为适度，并捞去浮渣。要多次重复降温、搅拌、加锯木屑、捞去浮渣操作。对粗锡含铁、砷相等或铁比砷多的情况，液态粗锡降温冷却时，铁和砷优先结合，生成 Fe-As 固体化合物。它们的密度小于锡液的密度，上浮在锡液表面，再加上它们凝聚性强，凝聚成非常黏稠的浮渣。这时开始搅拌并加入锯木屑，促使晶粒凝聚和上浮，锯木屑也增加这些浮渣的孔隙度，有助于锡液滴汇聚增大，穿过浮渣层回到锡液中。上述作业也要反复多次进行，直到将温度降至锡液熔点附近，强烈搅拌而不再析出渣子，则铁已除到0.003%以下，砷达到0.03%以下，完成凝析作业。

利用砷和铁的性质曾做过生产实验。粗锡中的砷除到0.2%以下时，往锡液中加入一些含铁高的粗锡，而后凝析加锯木屑，可进一步降低砷在锡中的含量。但粗锡含砷在0.2%以上时，补加铁就没有意义了。此时，没有铁的存在，砷不仅能以 Sn_3As_2 结晶析出，而且产出的晶体粒子相互碰撞而长大，无黏稠性。所产生的炭渣机械带走的锡很少。

三、离心机除铁、砷

无论是熔析法还是凝析法除铁、砷，其实质都是一定温度下，铁、砷和锡互相间生成的不溶于液体锡的杂质结晶化合物，呈固体或浮渣状，用人工或简单机械从锡液表面捞去这些浮渣，达到除铁、砷。人工捞渣，劳动强度大，作业环境差，而且浮渣中残留大量的机械夹杂的锡，这即给下一步处理浮渣带来困难，也影响锡的回收率。

分离液、固相最有效方法之一为离心过滤法。但要在火法冶金中采用离心机技术，要解决许多工艺上的困难，首先是制造离心机的材料应承受很高的温度，而且要具有很好的耐蚀性，其次设备结构要适用于液体锡与浮渣的分离。

第一台金属液离心机是20世纪30年代由维克托·杰·斯特伦期在英国泰因河畔的纽卡斯尔设计制造的，用来旋转干燥在精炼焊锡时得到的金属互化物浮渣。此设备的主要特点是在垂直钢轴的下端，固定有边缘略成锯齿形的圆形钢底板构件，一个倒扣的钢体转鼓在钢轴上滑动，转鼓在装料和旋转操作过程中，可与金属底板靠紧并锁定，也能在排料时向上移开底板。

前苏联科学院会同新西伯利亚炼锡厂最初制定了工业离心过滤机的第一个方案，此过滤机为一液压传动的固定装置，作为含大量铁、砷和铜杂质的粗锡净化设备。用机械手从两个5t精炼锅将锡给至离心机。固定式离心机的缺点是过滤后粗锡的成分取决于过滤温度，但过滤温度又与原粗锡成分有关，为了有效脱除铁、砷，就需经过多次离心过滤，而且要在较低温度下进行，需要的时间长，增加金属损失和能源消耗。

从1970年开始，苏联进行了沉没式离心机的研究。沉没式离心机的转鼓在运转时位于被精炼的粗锡中，这样就带来许多优点：不需要专门的加料装置，因为在转鼓旋转时，锡渣形成旋涡，自动流入离心机内，没有飞溅现象，减少了锡的氧化损失；最主要的在沉没式离心机内可以在降低粗锡温度下进行，即随着粗锡中杂质的除去，锡液温度不断下降，杂质呈不溶化合物较完全地脱除。

云锡研制的YT-CC-I型离心机，主要由转鼓、离心机悬臂和油压系统组成。该公司使用这种离心机处理乙粗锡，以代替熔析炉除铁、砷，效果比传统除铁、砷法显著。

四、加硫除铜

（一）加硫除铜的原理

利用铜对硫的亲和力大于锡对硫的亲和力，当硫黄加入粗锡后，硫与铜化合生成硫化铜（Cu_2S），它的熔点高（1130℃）、密度小（5.6g/cm^3），不溶于锡液中，并且比锡轻，浮在锡表面成为硫渣（也称做铜渣）。由于锡液的浓度大，加入的硫绝大部分先溶解于锡液中，然后再与铜反应：

$$Sn + S = SnS \qquad Q = +92.8848kJ \qquad (4\text{-}9)$$

$$2Cu + SnS = Cu_2S + Sn \qquad Q = -12.9704kJ \qquad (4\text{-}10)$$

通常简化为：

$$2Cu + S = Cu_2S \quad Q = +79.9144kJ \qquad (4\text{-}11)$$

（二）加硫除铜的生产工艺

凝析法除砷、铁之后，将锡液升温至240～250℃，搅拌至形成旋涡，用铁铲将硫黄沿旋涡缓缓加入。加硫量根据粗锡的含铜量和下列化学反应而定：

$$2Cu + S = Cu_2S \qquad (4\text{-}12)$$

从反应式中可以得知，Cu∶S=4∶1（质量比），考虑到一部分杂质消耗硫和燃烧损失，实际加硫量比理论加硫量过量23%～30%。生产中通常按Cu∶S=3.5∶1计算加入硫黄。

如果粗锡含铜大于0.5%，应先加硫除铜，再凝析法除砷、铁。若粗锡含铜过高，需要加入的硫较多，一次加入后将造成渣量过多，影响搅拌，并使锡液温度迅速升高，硫大量燃烧损失，故应分次加入，每次加入硫黄量不应超过100kg。

先加硫除铜，对下一步凝析除砷有利。若粗锡含铁高，又将反过来影响加硫除铜效果，因此要排除铁的影响。当铁完全溶解于锡液中时，对除铜没有影响，铁含量超过溶解度，过量的铁便会结晶析出，变成黏稠的浮渣，把没有和铜反应的硫包裹起来，影响Cu_2S的生成。另外，还会增加硫渣的黏性而难以搅散成粉状渣，使渣含锡升高。解决的办法有：一是升高锡液温度，使铁完全溶解于锡；二是加完硫继续搅拌时补加锯末，使凝析出来的固体粒子吸附在锯末上变成炭渣，防止铁对加硫除铜的干扰，得到的硫渣实际上是硫渣和炭渣的混合物。

加硫除铜的技术指标如下：硫渣率为2%～4%，锡直收率为97%～99%，耗硫量为处理1t粗锡用硫0.24kg；硫渣成分（%）为：Sn 55～56，Cu 10～22，Fe 0.5～2；As 1～2，S 3～6；除铜效率大于96%。

五、连续结晶机除铅、铋

粗锡中一般含有铅和铋。对于粗锡火法精炼除铅，国外在20世纪70年代前采用氯化法，即于300℃下使铅生成$PbCl_2$除去。氯化法除铅，不但消耗大量的试剂，产出大量的浮渣，而且除铅效率低，劳动条件差，对含铅高于5%以上的粗锡用此法更不适宜。国外有些工厂加钙、镁除铋，国内均不采用。

我国炼锡厂的粗锡历来含铅、铋均较高，因此一直采取了熔析法、结晶法除铅、铋。

结晶放液法在生产中使用了二十多年，也做过多次改进，但是结晶、放液是间断进行的，大量是手工操作，生产率低，劳动强度大，难以达到高质量锡的要求。如何使熔析结晶法连续化机械化，引起了国内外炼锡专家的广泛注意。

我国昆明理工大学戴永年院士等冶金工作者经过多年的研究试验，对结晶机的结构和温度的合理分布及自动控制均做了改进并取得了满意的效果，研制成了现今用于生产的电热连续结晶机。这一设备不仅在国内各个炼锡厂使用，而且已推广到美洲、亚洲、欧洲等十多个炼锡厂，是我国炼锡工业的独特创造。

（一）连续结晶、熔析除铅、铋的基本原理

从 Sn-Pb 系二元相图（见图 4-15）可见，在富锡端，设某一成分的合金，其铅的浓度为 c_0，当加热到 232℃ 以上而缓慢冷却产出固相（晶体）时，溶质金属铅在晶体中的浓度 c_1 与在未结晶的液相（液体）中的浓度 c_2 之比称为平衡分配系数 K_0，其方程式为：

$$K_0 = c_1/c_2 \tag{4-13}$$

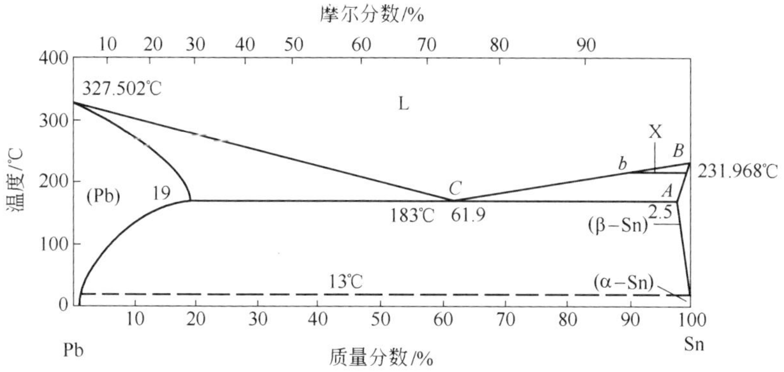

图 4-15　Sn-Pb 系二元相图

若 $K_0 < 1$，表明铅在晶体中的浓度小于相应的液体中的浓度，则晶体得到提纯；若 $K_0 > 1$，表明液体得到提纯。为了求出 Sn-Pb 系富锡端溶质金属铅的平衡分配系数，可列出固相线 AB 和液相线 BC 的方程，以 y 表示温度（纵坐标），c_1 和 c_2 分别表示平衡晶体和液体的含铅量（横坐标），在假设固相线和液相线为近似直线时，其斜率分别为：18.84，

1.280，则：

固相线方程 $y_1 = 232 - 18.84c_1$ (4-14)

液相线方程 $y_2 = 232 - 1.280c_2$ (4-15)

两相达到平衡，温度相等，$y_1 = y_2$，则：

$$232 - 1.280c_2 = 232 - 18.84c_1$$

$$K_0 = c_1/c_2 = 1.28/18.84 = 0.068$$

由此看出，溶质金属铅的平衡分配系数小于1，说明在晶体中的铅比在液体中的铅低得多，只要晶体和液体能够分离，晶体便能得到提纯。

要在一台设备内，达到连续结晶、熔析除铅的目的，首要的条件是在设备的两端，严格控制由锡、铅共晶熔点183℃至精锡熔点232℃之间的温度梯度；其次必须保证在183～232℃之间连续结晶、熔析过程中晶体和液体的分离；此外，在连续进料的同时，必须达到进料和出料的平衡。在设备结构上，采用电加热控制所需的温度，采用槽体倾斜和螺旋搅拌提升的方法实现结晶、熔析过程中产出的晶体和液体的分离，满足除铅工艺的要求。

为了说明结晶、熔析除铅的具体过程，取 Sn-Pb 合金相图富锡端，绘制成晶体和液体成分随温度变化示意图（见图4-16）。任一时刻，任一成分的合金，在冷却时产生晶体，在螺旋器的作用下，逐渐向温度升高的区域移动；相反，残留的液体靠重力和结晶槽坡度向低温区回流。温度上升后，原有晶体和流体间的平衡关系受到破坏，而在新的温度条件下将建立新的平衡，在高温下熔析的液体在低温下将发生结

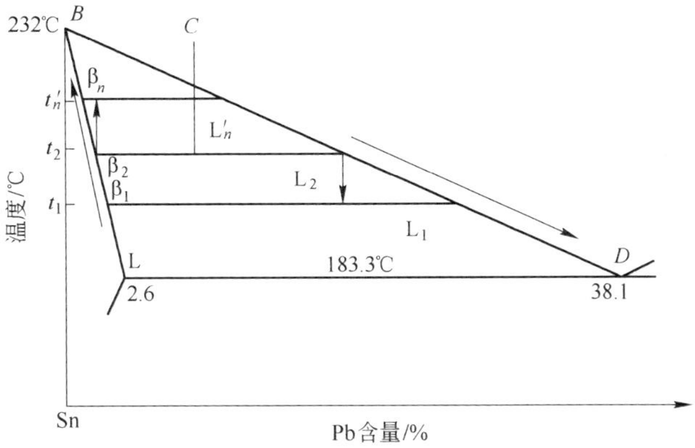

图 4-16 晶体和液体成分随温度变化示意图

晶。熔析时将分别熔出 L_1，L_2，…，L_n 液体，晶体熔析的结晶使晶体本身锡的纯度逐渐升高，熔出的液体向低温回流，必然结晶出晶体 β_1，β_2，…，β_n 才能建立新的平衡。结晶的结果液体中锡的纯度降低。这些与晶体逆向运行的液体，不仅与下一级晶体进行热交换，同时也进行物质交换。由此看出，由于电热连续结晶机内形成温度梯度和螺旋器的作用，而又重新不断建立晶体和液体之间新的平衡，这种晶体和液体间平衡的破坏和建立的对应统一，使得结晶、熔析过程连续进行。当晶体达到结晶机高温出料端时，产出含铅低于0.04%的产品锡，液体到达低温焊锡放出口时，得出含锡低于67%的锡、铅焊料合金。

从 Sn-Bi 系相图（见图 4-17）可见，在富锡端液体粗锡降温结晶出 α 相固溶体（晶体），含铋减少，而平衡的液体合金中含铋升高，故粗锡中的铋也和铅一样，一同进入焊锡。对于含铅高而含铋低的合金，采用结晶、熔析法除铅、除铋效果均好；而对于含铅低而含铋高的粗锡，采用结晶、熔析法除铅效果好，但除铋效果差。为了达到除铋效果，必须加铅到粗锡中，再用连续结晶、熔析法处理。分析其原因为：比较 Sn-Pb（见图 4-15）、Sn-Bi（见图 4-17）、Pb-Bi（见图 4-18）系状态图可知，都存在有限固溶体，但前两个

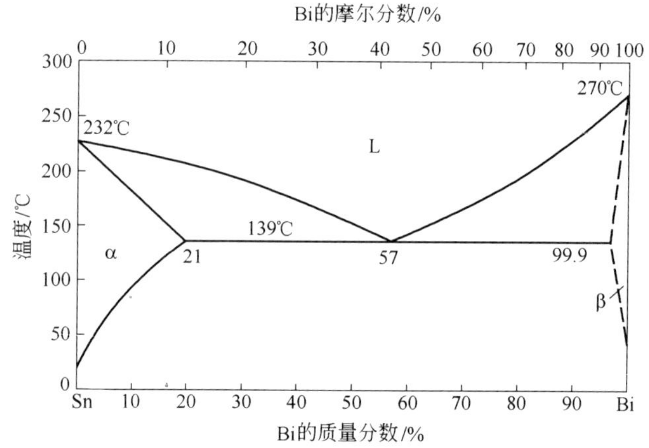

图 4-17 Sn-Bi 系相图

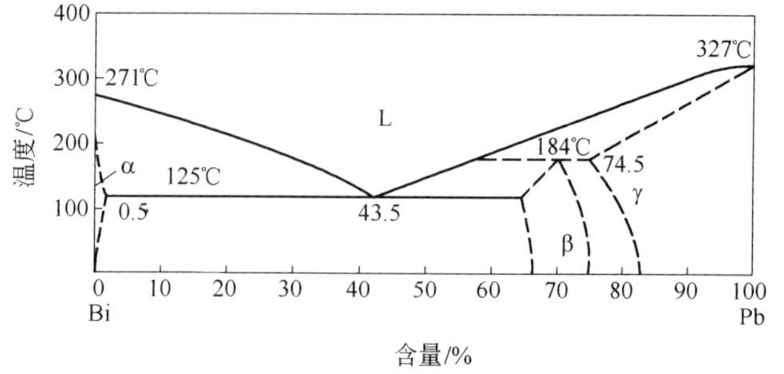

图 4-18 Pb-Bi 系相图

中间没有化合物，Bi-Pb 系则有包晶化合物 $BiPb_3$ 存在，因此，锡、铅、铋原子间相互结合的能力应该是 Pb-Bi 大于 Sn-Bi 和 Sn-Pb，在含铋粗锡中配入适量比例的铅，铋被铅带入焊锡。结晶、熔析法除了达到除铅、铋外，由于铟、银与锡均能形成低熔点共晶体，故还可将粗锡中的铟、银富集到焊锡中。

（二）连续结晶机的结构

连续结晶机主要由螺旋器、电炉体、温度控制和传动机构等组成。螺旋器由扇形叶片交错焊接在无缝钢管的螺旋轴上而成。每片扇形夹角为 120°，三片绕轴一周，焊接在螺旋轴上。扇形叶片之间的距离各不相同，在进料口部位，冷却结晶产出的量大，扇形叶片之间的距离要大些，进料口上端的叶片距离小些，扇形叶片还与轴向成一定的交角。螺旋器是结晶机的主要部件，它有三个作用：

（1）搅拌合金，减少扩散层厚度，加速热交换和物质交换，提高铅、铋和锡的分离效率；

（2）提升晶体，将结晶产出的晶体不断地向温度高的方向提升，使晶体与液体形成逆向运动；

（3）由于螺旋叶片有一定的后倾角，可把晶体压入液体，进行热交换和物质交换。

电炉体由内槽、外槽、电阻丝、保温材料等组成。内槽是断面为 U 形的敞开槽，整个精炼在内槽进行。敞开槽便于观察和检修，同时也便于喷水冷却结晶，用 12mm 厚的钢板卷制而成，生产能力大，内槽的断面就大。外槽也用钢板卷制而成，用于承受保温和耐火材料，电阻丝安放在耐火材料的刻槽内。电阻丝布置十分重要，分为固定常开负载和调节负载。固定常开负载，即通电后不断电，作为基本供热的电源，容量为25～35kW。调节负载，即在生产过程中根据温度的需要，电功率可以调节。这样布置，宏观上将电炉体分为多个不同温度带，但由于对流和传导传热，实际上从电炉体的尾部（焊锡排放口）到电炉体的端部（精锡出口）形成一个稳定的温度梯度，从而满足了工艺要求。

六、加铝除砷、锑

（一）加铝除砷、锑的基本原理

粗锡经过凝析法除砷、铁后，虽然大部分砷已除去，但锡中含砷仍有0.15%左右。使用凝析法处理粗锡时，含锑量没有明显的变化，仍达不到精锡标准，有待进一步除去。目前国内外炼锡厂仍普遍采用加铝除砷、锑。

加铝除砷、锑的原理是利用铝和砷、锑生成高熔点化合物，其密度小于锡，能从锡液中结晶析出。As-Al系相图如图4-19所示，Al-Sb系相图如图4-20所示。从图可以看出，铝和砷生成AlAs，其熔点为1740℃，铝和锑生成AlSb，其熔点约为1081℃。这两种化合物的成分按化学式计量（质量比）为：As∶Al≈1∶0.36，Sb∶Al=1∶0.22。在生产实践中，加铝除砷时，1kg砷加0.36kg铝，就可以达到预期的结果，而除去1kg锑需加1kg铝。生产上遇到砷、锑要同时除去时，为了计算上的方便，可用下式计算：（As+Sb）∶

Al = (1 ~ 1.5) : 1。

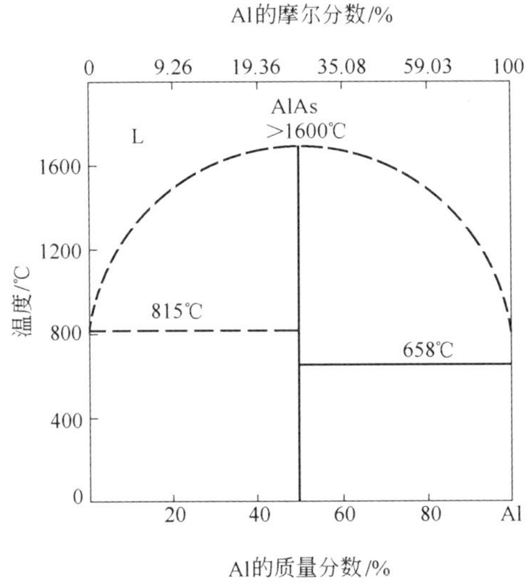

图 4-19　As-Al 系相图

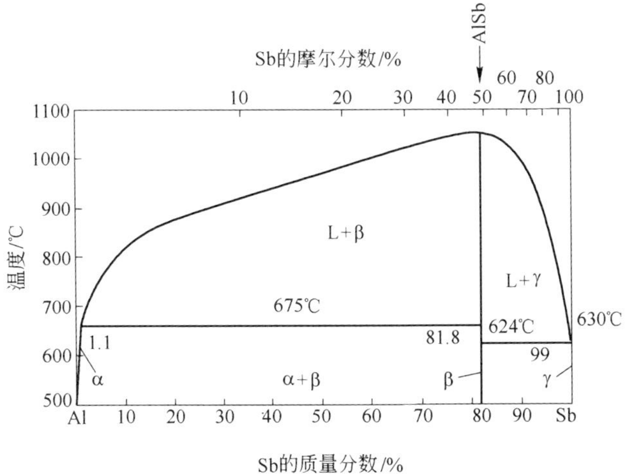

图 4-20　Al-Sb 系相图

加铝除砷、锑在火法精炼流程中可以在结晶、熔析法除铅、铋之前或在其后进行，对除砷、锑的效果相同。对生产实践来讲各有利弊，前者的优点是砷、锑脱除达到标准后，在连续结晶机除铅、铋时，内槽中的晶体硬度和黏度较小，可减轻螺旋器的负荷，晶体和液体的分离条件得到改善，有利于除铅、铋。同时在加铝除砷、锑后，如果操作不仔细，残留下来的铝也会在结晶机内槽中继续氧化造渣而除去。缺点是，要求除锑的程度低于标准含量，否则结晶提纯时，锑会在结晶体中富集，可能使含锑合格的锡在结晶处理后反而不合格。加铝除砷、锑放在结晶、熔析法除铅、铋之后的优点是加铝除锑只需达到精锡标准即可。

（二）加铝除砷、锑的工艺

加铝除锑和加铝除砷的操作技术条件有所不同，加铝除锑的技术对除砷有同样的效果，但加铝除砷的技术条件对除锑没有明显作用，现分述如下。

1. 加铝除锑

将需要除锑的锡升温到380～400℃。根据Sb∶Al＝1∶1（质量比）计算用铝量。铝片先加工成厚1～2mm，宽10～20mm，长小于50mm的薄片，搅拌锡液产生旋涡，铝片投入旋涡，投入量应不影响旋涡的正常存在，铝片很快熔入锡液便和锑化合成AlSb。

铝片加完后，继续搅拌20～30min待作业完成，然后按精炼锅外围水套降温规程降温到230～235℃，使高熔点的AlSb冷凝析出。接着开始加NH_4Cl，使铝渣疏松多孔，降低铝渣含锡，且继续搅拌，当渣变成黑色粉渣时，便开始捞渣。

根据Sn-Al系相图（见图4-21）可知，Sn-Al合金有一个低熔共晶点，共晶温度为228.3℃，共晶成分含铝0.5%。因此，除锑后熔于锡中的剩余铝需要除去，有两种方法：第一种为空气氧化法，将锡升温到300℃以上，强烈搅拌锡液，增加空气与锡液中的铝接触，使铝氧化造渣，同时加入锯木屑以促进捞渣，观察锡液表面的颜色，由灰白逐渐变红，最后恢复到锡的本色和光泽为止；第二种方法是加NH_4Cl除去剩余的铝，温度控制在300～310℃，搅拌，加入NH_4Cl，每吨锡加1.8～2.5kg，此时渣很稀，不便捞渣，每吨锡再加入0.5～0.8kg煤粉或0.15～0.2kg Na_2CO_3，使渣变稠后捞去，可多次除剩余铝，直到含铝量降到0.002%以下为止。

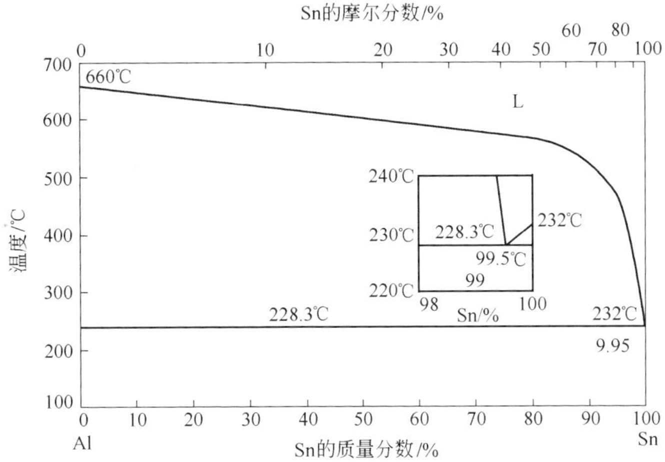

图4-21 Sn-Al系相图

2. 加铝除砷

加铝除砷的操作温度、加铝量和造渣与加铝除锑有所不同。将锡液温度升到 280 ~ 320℃后，根据 As∶Al = 3∶1 计算用铝量，加铝操作和除锑相同，铝加完后继续搅拌 15 ~ 20min，接着加锯木屑搅渣和除剩余铝，两者同时进行，至铝渣搅散成粉末状，剩余铝也除去了。经过这样的处理，质量可达到 Sn999 的标准。

3. 加铝同时除砷、锑

生产精锡时都必须加铝除去砷、锑。但可采用上述方法分段处理，也可将砷、锑同时除去，这完全取决于加铝数量。加铝量的计算根据砷和锑的含量不同有所区别，对于（As + Sb）质量分数小于 0.2% 的锡液，取（As + Sb）∶Al = 1∶1（质量比）；对于（As + Sb）质量分数大于 0.2% 的锡液，取（As + Sb）∶Al = 1.5∶1。

七、粗锡的其他火法精炼方法

（一）碱金属除铋

由于钙、镁也能除砷、锑，为了节约试剂，加钙、镁除铋一般在精炼的最后一步来完成。如果前面工序除砷、锑不完全，加钙、镁产出的铋渣遇水也会生成 AsH_3 剧毒气体。加钙、镁除铋也是基于铋和这些碱金属生成较难溶的化合物，这些化合物实际不溶于锡，且密度又较小，故上浮在锡表面上，以渣的形式除去。

（二）氯化亚锡除铅

氯化亚锡（$SnCl_2$）除铅的实质是利用锡和铅对氯的亲和力在不同的温度下不同，从而通过控制作业温度来达到除铅的目的。

（三）真空蒸馏法除铅、铋

粗锡和焊锡中的锡和所含的杂质具有不同的沸点，控制温度在锡的沸点以下，在杂质元素的沸点以上，可使杂质挥发除去。这一方法在真空下运用更有效，常用来除去锡当中的铅、铋等。

第三节 粗锡和焊锡的电解精炼

一、概述

电解精炼一次作业能除去粗锡或粗焊锡中大部分杂质，并产出纯度很高的精锡或精焊锡，特别适于处理含铋和贵金属高的粗锡。与火法精炼相比，锡的直接回收率高，有价杂质元素的富集比高，易于回收处理。但电解精炼的投资费用大，在电解过程中有大量金属被积压，故其发展受到限制，国内外炼锡厂采用电解精炼法的不多。

锡电解精炼采用的电解液种类繁多，概括起来可分为酸性电解液与碱性电解液。由于酸性电解液性质比较稳定，生产费用比用碱性电解液低许多，电解过程的电耗也低，容易控制阴极产品的纯度，因此各炼锡厂均乐于采用酸性电解液。

在酸性电解液中，被工厂广泛采用的有硫酸-硫酸亚锡电解液和硅氟酸电解液。锡的电解精炼可分为粗锡电解精炼与粗焊锡电解精炼，前者产出粗锡，后者产出精焊锡。两者的差别主要是使用的电解液不同，但均可使粗原料中的铅进入阳极泥而不污染精锡，或者与锡一道在阴极析出，得到较纯的阴极锡铅合金——精焊锡。

二、电解的原理

电解是在一定温度和直流电流作用下，利用各种元素电极电位不同，在一定溶液中使主体金属与其他杂质元素分离提纯的电化学过程。在电解过程中，主金属等在阳极上失去电子而被氧化，从阳极上溶解进入电解液，依靠扩散和电迁移向阴极移动，主金属离子在阴极上获得电子而析出；带负电的离子向正极移动，在阳极上失去电子而被还原。图 4-22 所示为电解示意图。

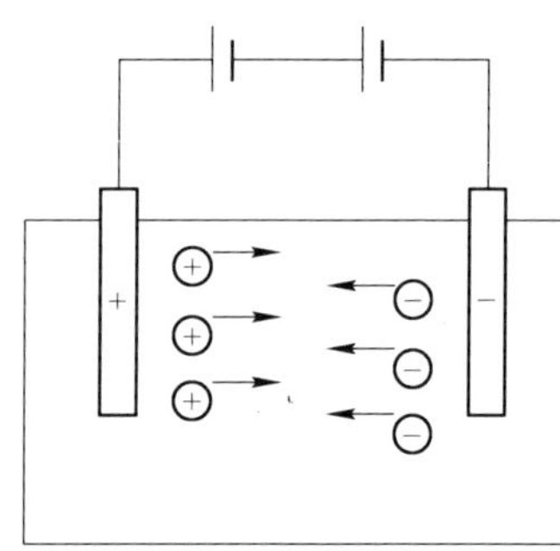

图 4-22　电解示意图

三、粗锡电解

（一）粗锡的成分

电解的原料为粗锡，其成分见表 4-5。粗锡电解可在盐酸介质中进行，也可在硅氟酸介质中进行。

表 4-5　粗锡的成分　（%）

元素	Sn	Pb	Bi	Cu	As	Sb	Fe
含量	97.5～99	0.5～1.2	0.5	0.1	0.1	0.2	0.1

（二）阴极锡成分

粗锡电解产出的阴极锡成分见表 4-6。

表 4-6　阴极锡的成分　（%）

元素	Sn	Pb	Bi	Cu	As	Sb	Fe
含量	99.85～99.97	0.05～0.0017	0.001～0.04	0.0004～0.02	0.0003～0.015	0.003～0.02	0.001～0.015

由于锡、铅的电极电位相当接近，在电解过程中铅易和锡一起在阴极上析出，因此在选择电解液时要充分考虑铅的去向，并控制阳极中铅的含量。

（三）工艺流程

粗锡硫酸盐水溶液电解生产流程如图 4-23 所示。

四、焊锡电解

锡铅焊料因具有良好的润湿性能和黏附性能而成为一种广泛使用的焊接剂，用于电器、机械等工业。随着社会的进步，人们的环保意识不断增强，焊料也在向无铅焊料方向发展。

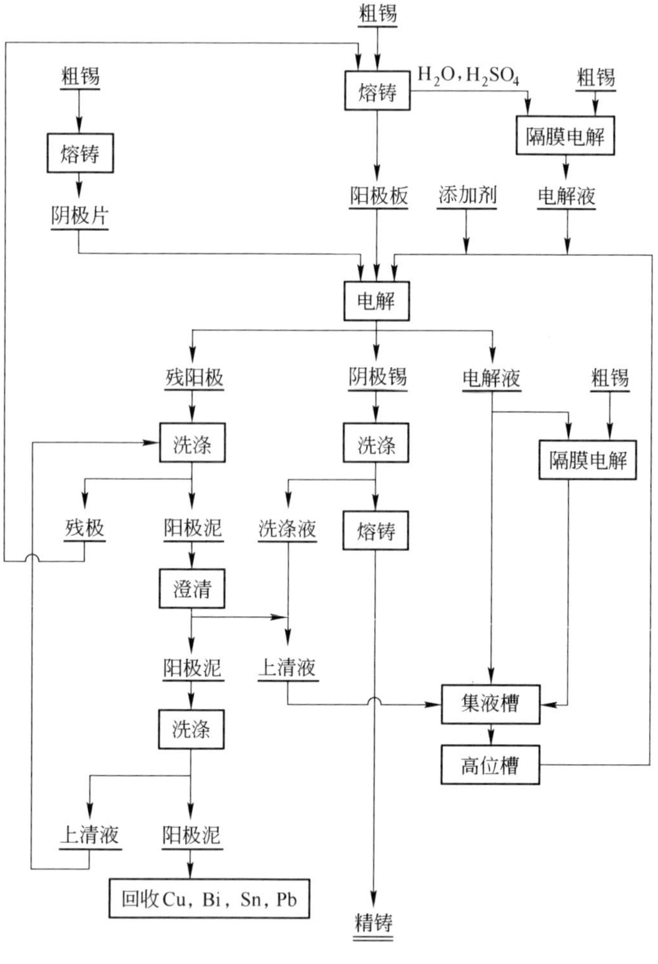

图 4-23　粗锡硫酸盐水溶液电解生产流程

焊锡硅氟酸电解工艺流程如图 4-24 所示。

（一）焊锡电解的基本原理

在焊锡硅氟酸电解中，由于电解质是硅氟酸，原料的主

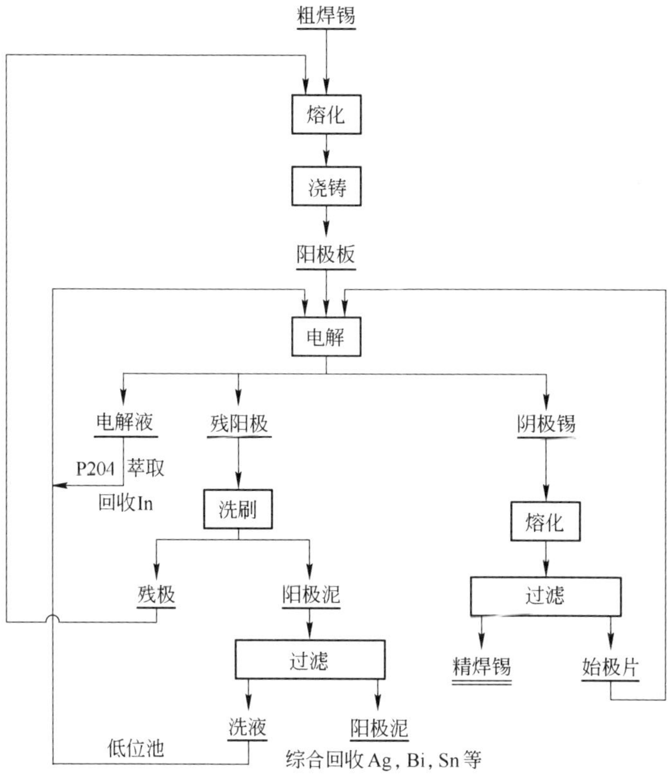

图 4-24 焊锡硅氟酸电解工艺流程图

金属是锡铅合金，因此把这个电化学过程看成一个原电池，即：粗合金 SnPb | $SnSiF_6$、$PbSiF_6$、H_2SiF_6、H_2O | 精合金 SnPb。也就是说，在电解过程中，阳极上的锡、铅及电位较负的杂质铁、铟与硅氟酸反应，形成硅氟酸锡、硅氟酸铅等进入溶液。即：

$$Sn + H_2SiF_6 - 2e = SnSiF_6 + 2H^+ \quad (4\text{-}16)$$

$$Pb + H_2SiF_6 - 2e = PbSiF_6 + 2H^+ \quad (4\text{-}17)$$

$$Me + H_2SiF_6 - 2e = MeSiF_6 + 2H^+$$

（Me 代表部分杂质元素）　(4-18)

在电解液中硅氟酸盐离解成离子状态。液中的铅、锡离子依靠扩散和电迁移向阴极移动，在阴极上获得电子析出。即：

$$Sn^{2+} + 2e = Sn \quad (4\text{-}19)$$

$$Pb^{2+} + 2e = Pb \quad (4\text{-}20)$$

（二）焊锡电解的阳极成分

在生产中，凡是火法难处理的物料实际上多数都交湿法处理。焊锡电解的阳极成分见表 4-7。

表 4-7　阳极成分　(%)

元素	Sn	Pb	Bi	Cu	As	Sb	In	Ag
含量	56 ~ 82	15 ~ 40	0. 1 ~ 1. 0	0. 1 ~ 0. 5	0. 1 ~ 0. 5	0. 2 ~ 0. 8	0. 02	0. 01

从表 4-7 可以看出，焊锡阳极中除了主金属锡和铅外，还有其他一些杂质，根据各元素电极电位，将这些杂质分为两类：

(1) 标准电极电位比锡和铅负的元素，这类杂质有锌、铁和铟。这些杂质在电解时比锡、铅先氧化成阳离子进入电解液，但由于其浓度低，根据能斯特方程：$E_{析} = E^{\ominus} + RT/(nF) \times \lg a - \eta_{超}$，达不到其析出电位，故而不在阴极上析出，而是在电解液中富集。当电解液中的铟富集到 2g/L 左右时就可以作为提铟的原料，即从硅氟酸焊锡电解液里提取铟。

铁在电解液中发生 $Fe^{2+} \rightleftharpoons Fe^{3+}$ 变化，降低了电效。

（2）标准电位比锡、铅更正的元素，包括锑、砷、铋、铜、银等。电解时，这些杂质在阳极中不易被氧化进入电解液，而是以合金或不溶化合物的形态继续留在阳极板上成为阳极泥。

第二类杂质过高，势必造成阳极泥性质、阴极结晶恶化，特别是铜和锑，将造成阳极钝化，阻碍了锡和铅的溶解，导致杂质的析出，从而降低了电流效率。由于锑的特殊性质，阳极含锑过高时，阳极极易钝化；阳极含锑过低时，阳极泥易脱落，影响阴极质量。因此，在焊锡生产中要严格配料，控制好主金属含量和各种杂质的含量，否则易使阴极含铋超过控制标准。生产过程中发现阳极泥脱落，必须及时补充锑量。生产实际表明，阳极含锑控制在0.1%～0.8%较为合适。铋和锑，电极电位虽然比锡铅正，但相差不大，所以当电解技术控制不好时，就可能在阴极上析出或机械夹杂在阴极中，而且铋一旦进入阴极，就很难用火法的方法除去。进入电解液中的铋、砷、锑，主要是以 BiO^+、AsO^+、SbO^+ 形态，其标准电极电位均比锡、铅正，易在阴极上析出。阳极杂质含量过高还易长海绵状结晶。控制适当的阳极成分是实现焊锡阴极结晶平整的重要条件，阳极杂质总和应控制在3%以下。同时根据电解液的适应性调整阳极锡、铅含量，达到阴极结晶致密，又经济地满足市场需要的目的。

（三）焊锡电解阴极成分

焊锡电解阴极成分见表4-8。

表4-8　焊锡电解阴极成分　（%）

元素	Sn	S	Bi	Cu	As	Sb	Fe
含量	56 ~ 80	0.0001 ~ 0.0005	0.001 ~ 0.008	0.0004 ~ 0.005	0.0003 ~ 0.002	0.001 ~ 0.006	0.0001 ~ 0.001

如果电解技术条件控制不好，阴极产物的杂质含量会升高，不得不重新除杂。

第五篇

炼锡厂的“三废”治理

第一章 概　述

炼锡厂是以火法为主、湿法为辅的冶金过程。在精矿的焙烧和还原熔炼、甲粗锡的火法精炼、乙粗锡的熔析和乙粗锡析渣的焙烧、富渣和富中矿的烟化炉硫化挥发、粉煤制备、电热回转窑处理高砷烟尘回收白砷等过程中都不同程度地会产生含有毒物质的烟尘和气体，特别是澳斯麦特炉和烟化炉产生的烟气量大，如中国某炼锡厂每小时产出烟气（标态）为：澳斯麦特炉约 $6\times10^4m^3$，烟化炉约 $9\times10^4m^3$，白砷炉约 $1.5\times10^3m^3$。这些烟气通过收尘净化后，从烟囱排出的废气含有害成分铅、氟、SO_2 等的浓度虽未超过国家允许排放的标准，但其中或多或少都还含有一些有害成分，给周围环境带来污染。同时烟化炉还产出大量的废渣，烟气在淋洗塔和水接触时，还产出大量的高砷污水。所以，锡冶炼和其他许多冶炼过程一样，在冶炼过程中要产出大量的废气、废水和废渣，称为“三废”。

锡精矿中除含有锡外，还含有铅、锌、铜、砷、锑、硫、铟、氟等元素，在冶炼过程中，不同程度地进入废气、废水和废渣之中，其中铅、锌、砷、硫、铟、氟易挥发进入烟气。所以对“三废”若不很好地治理，化害为利，任其排放，不但损失了有价金属，而且污染了环境，给人民群众的身体健康带来危害。

锡冶炼的一个特点是由于烟化炉硫化挥发技术的发展，渣含锡已降到0.1%以下，因此，在整个冶炼流程的金属平衡中，随废渣损失的锡已不是主要矛盾，而随烟气损失的锡已相对成为主要矛盾，特别是烟化炉更是如此，因为它的产品就是烟尘。锡冶炼的另一个特点是以高温作业为主，锡及其他低沸点金属和化合物（SnO、SnS、As_2O_3、Pb、Sb 等）挥发率较高，所以烟气不但含烟尘高，而且烟尘含有价金属和有害成分也高，烟尘粒度细且多为冷凝而成的凝聚性尘粒。因此在锡冶炼的许多工序中，配置有效的收尘设备是非常必要的，这不但能消除或减轻烟气所带来的污染，而且能化害为利，提高金属的回收率。

“三废”中以烟气的危害性最大，其次是废水，再其次是废渣。下面对“三废”治理分别予以叙述。

第二章 废气的治理

第一节 炼锡厂烟气与烟尘的特点

炼锡厂澳斯麦特炉和烟化炉的烟气和烟尘除具有烟气量

大、含尘率高、烟尘粒度细并多为凝聚性烟尘（由气体冷凝而成）等特点外，还具有以下三个特点：

（1）烟气量的波动较大，特别是烟化炉的烟气量波动较大，这就给收尘作业带来许多困难。为了解决这一问题，应将同一类型炉子的烟气用统一的烟道系统先集中起来，再进入收尘设备，并且最好使它们的作业过程错开，这样不但可以使烟气量相对稳定，而且烟气的温度波动也较小，给收尘系统创造有利条件。

（2）烟气温度高。澳斯麦特炉的烟气温度可达 1150～1250℃，烟化炉的烟气温度可达 950～1250℃。所以除一般要安装余热锅炉和空气预热器来回收部分余热外，还要在余热锅炉和空气预热器之后、收尘器之前安装降温设备，使进入收尘设备的烟气达到所要求的温度。电收尘器前的冷却装置一般是淋洗塔，布袋收尘器前的冷却设备一般是表面冷却器。

（3）烟气中的烟尘导电性属于中等导电性，对提高电收尘的收尘效率不利，所以必须在电收尘器之前配置淋洗塔。淋洗塔的作用，一是对烟气增湿，提高烟尘的相对湿度，从而提高烟尘的导电性，提高收尘效率；二是对烟气进行降温，满足电收尘的要求；三是具有湿式收尘的作用，将烟气中的部分烟尘收下，减轻电收尘器的负担。

针对澳斯麦特炉和烟化炉的烟气和烟尘的特点，一般采用电收尘器和布袋收尘器进行收尘。电收尘器的优点是对烟气的温度要求不像布袋收尘器那样严，不需要庞大的烟气冷却装置，维持费较低；缺点是基建费用投资较高，并需要设置淋洗塔，这就不可避免地要产出大量的含锡泥浆烟尘，为了回收这部分泥浆烟尘中的锡，就要对泥浆进行脱水和干燥处理，同时还要处理产出的高砷污水，这就增加了不少麻烦。布袋收尘器的优点是基建投资比较低，不需要增湿设备，收尘效率高；缺点是需要安装庞大的烟气冷却装置，另外，当烟气中腐蚀性气体较高时，布袋的寿命较短。

烟气处理包括两大部分，即高温烟气的冷却与含尘烟气收尘。炼锡厂采用的高温冷却设备主要有余热锅炉与表面冷却器，采用的收尘设备是电收尘器和布袋收尘器。

炼锡厂还有一些冶炼过程，如锡精矿的焙烧脱硫与砷、硫渣的处理等都会产生一些含 SO_2 成分的烟气，需要进行脱硫处理后才能排放。

第二节 电收尘的生产工艺

中国炼锡厂一般采用两组板式横卧式电收尘器。影响电收尘器收尘效率的因素有以下几点：

（1）烟气的温度和湿度。烟气的温度过高或过低都对提高收尘效率不利。因为温度过高，会引起金属构件变形，并且在极线和分布板上产生结疤；烟气温度低于露点同样会降低收尘效率。中国炼锡厂电收尘烟气的温度夏天一般控制在 100 ~ 140℃之间。

炼锡厂的烟气先经过淋洗塔，这样一方面可以降低烟气的温度，另一方面可以提高烟气湿度，进而提高烟尘的导电性和收尘效率。

（2）电压和电流。收尘器的电压越高，电流越大，收尘效率就越高，因为收尘效率随烟尘粒子向收尘电极的驱进速度增加而增加，而烟尘离子的驱进速度又随电压的升高而加快。另外，电压、电流越大，烟尘粒子荷电的机会也就越大，收尘效率也就随之增加。所以，在操作中尽可能将电压提高到接近火花电压。中国某炼锡厂电收尘器的二次电压为 $5\times10^4\sim6\times10^4$V，二次电流为 $50\times10^{-3}\sim200\times10^{-3}$A（PCC-18Z 型整流设备）和 $200\times10^{-3}\sim400\times10^{-3}$A（GGAJ0.4/80kV 型整流设备）。

（3）收尘电极的表面积、烟气速度和含尘量。收尘效率随收尘电极表面积的增加而升高，随烟气速度和含尘量的增加而降低。因为烟气速度快，烟尘在收尘器中停留的时间就短，收尘效率必然降低，所以单位时间内进入收尘器的烟气量不能太大，中国某炼锡厂电收尘器的烟气速度为 0.4～0.5m/s。另外，烟气含尘量增加，就有一部分烟尘在收尘器停留时间内来不及荷电就被烟气带出收尘器，从而使收尘效率降低。

在生产实践中只要选型合理，操作认真，管理严格，收尘效率一般都大于99%，最佳情况下可达99.5%。

第三节 滤袋收尘的生产工艺

滤袋收尘器是一种运用比较广泛的收尘设备，因为它具有收尘效率高（可达99%），能捕集0.2μm以上的较细烟尘，收尘效率稳定，很少受冶金过程的不均匀性（如烟化炉和澳斯麦特炉的作业都是周期性的）及烟气物理化学性质变化（能捕集电收尘器难以捕集的那部分导电性极好和较差的烟尘）的影响，操作比较简单等优点。滤袋收尘器的缺点是对烟气的温度和湿度的要求较为严格，需设烟气冷却设备；对一些腐蚀性气体的适应性较差，滤袋易损坏，若不及时更换，就会使收尘效率急剧下降。

生产实践表明，滤袋收尘器收尘效率的高低与许多因素有关，主要有：

（1）烟气性质及温度。当烟气含水蒸气较高时，温度低，水蒸气冷凝而使烟尘黏结于滤布上，使透气性变坏，阻力增加，特别当烟气中含二氧化硫等腐蚀性气体时，若温度低，则更易使滤袋和设备遭到腐蚀，寿命降低。温度过高，则会烧坏滤袋。烟气入口温度的高低要根据滤布的耐温程度而定。

（2）烟气的过滤速度。过滤速度低，对提高收尘效率有利，但滤布总面积要相应增加，过滤速度一般为0.6～1m/s。所以应尽量减少漏风，因为漏风太大会使烟气量和过滤速度增加，使收尘效率降低。

（3）滤袋材料。毛织品滤袋的价格虽然贵，但过滤效果好，收尘效率高；玻璃纤维的收尘效率也较高，只是寿命短；另外，最好采用无缝滤袋，因为缝制的滤袋针缝处易损坏，使滤袋的寿命降低。

生产中，一旦发现滤袋损坏就应及时更换，实践证明，在10条滤袋中，如有1条出现10mm的孔，则从此孔漏走的烟尘为10条滤袋总损失的75%，这不但损失了有价金属，而且污染了环境。更换滤袋时，滤袋要挂直、卡紧，松紧适当，以保证最大的过滤面积。

（4）振打和反吹风。及时振打和反吹风的目的都在于及时将滤袋表面的烟尘抖落和吹落，保证滤袋有较好的透气性和过滤速度。振打的次数和时间都要按照技术条件进行。反吹风压力大于100～200Pa，才能将烟尘有效地吹落。

第四节　低浓度 SO_2 烟气的处理

炼锡厂的锡精矿、碳质燃料、还原煤中均含有一定量的硫，另外在富锡炉渣或锡中矿烟化处理以及粗锡除铜精炼过程中，需要添加一部分硫精矿和元素硫作为硫化剂，因此，在炼锡厂精矿的炼前焙烧、还原熔炼、富渣烟化以及硫渣的处理等工序，都会产生一定数量的低浓度 SO_2 烟气（SO_2 浓度为8580～25740mg/m^3）。这些烟气含 SO_2 浓度虽然很低，但数量大，且都超过 GB 9078—1996 规定的允许排放标准，必须经过治理使其降至850mg/m^3 后才能排放。

近半个世纪以来，随着环境保护法规的严厉要求，世界各国研究了许多种低浓度 SO_2 烟气脱硫方法。中国硫酸工业及铜、锌、锡、铅、锑冶炼厂在这方面做了很多工作，取得了很大成绩。

烟气脱硫方式可大致区分为湿法与干法或半干法，现在设置的大部分为湿法。湿法脱硫率高，负荷变动也能获得稳定的脱硫效果。在各国研究的烟气脱硫方法中，比较成熟的有氢氧化镁吸收法、碳酸钠吸收法、氨吸收法、活性氧化锰法、石灰-石膏法及石灰乳吸收法等。目前炼锡厂大都采用石灰乳吸收法。

从各种处理低浓度 SO_2 烟气的方法可以知道，当前治理污染进而回收 SO_2 在技术上是可行的。然而，在所有的脱硫方法中，回收副产品所得，还不能弥补脱硫所需的各种费用。因此，对于冶炼企业而言，只能是根据工厂资源情况和具体条件来选择适宜的烟气脱硫方案。炼锡厂所产烟气 SO_2 脱除率一般均能达到 90% 以上，尾气 SO_2 浓度容易降至 850mg/m^3 以下，可向外排放。

吸收 SO_2 后生成的固体产物，经过固、液分离脱除表面水后，可制成砾石或其他建筑材料加以利用。

第三章　废水的治理

炼锡厂在生产过程中产出有害污水以高砷污水最为突出，它产出量大，含有害成分多，含砷较高，若不加以处理任其排放，必然严重污染环境。

第一节　高砷污水的产出

中国炼锡厂均以火法生产为主，澳斯麦特炉和烟化炉在熔炼和吹炼过程中必然产出大量的烟气，为了净化这些烟气，将烟气中所含的烟尘有效收回，化害为利，就必须对这些烟尘进行收尘处理。若采用电收尘器，烟气在进入电收尘器之前需先通过淋洗塔，进行喷雾、降温、增湿处理，从而提高烟尘粒子的表面导电度，提高收尘效率。在淋洗塔中，通过喷嘴雾化的水仅有45%～75%蒸发，而未蒸发的水在和烟气的接触中会将烟气中的砷、铅等有害杂质溶解，成为泥浆，一般采用沉淀法来处理，溢流水除含有砷、氟、铅外，还含有部分粒度极细的烟尘，这些烟尘以固体悬浮物形态存在于污水中，形成高砷污水。

高砷污水所含的砷、铬、铅、氟等有害元素及重金属杂质的量都大幅超过了国家规定排放的标准。其中一类有害毒物超过80～375倍，二类有毒物氟超过15～45倍。铜、铅、锌、镉等重金属超标几十倍。若不认真处理、随便排放，必将严重污染环境。这就提出了高砷高氟污水的处理问题。而且，高砷高氟污水具有含量波动范围大、产量大、成分复杂、呈酸性等特点，从而给处理带来一定困难。

第二节 高砷污水的处理流程和原理

对于工业污水的处理一般采用化学、物理、微生物方法。如过滤、沉淀、混凝沉淀、浮选、吸附、蒸发、萃取、pH值调整、化学氧化、生物过滤、加活性污泥等。实践证明，对于上述高砷污水，采取混凝沉淀和pH值调整的方法取得了较满意的效果，所加入的化学混凝剂为石灰乳和聚丙烯酰胺，并用压缩空气搅拌，这样，不仅能使高砷水中固体悬浮物沉淀下来，而且还能使重金属盐类沉淀下来，从而达到净化高砷污水的目的，经处理后的污水便能返回循环使用。

第四章 废渣的处理

炼锡厂的废渣主要是烟化炉产出的废渣和污水处理过程中产生的污泥渣，它们各具特点，处理过程也有所区别。

第一节 烟化炉渣的处理

在炼锡厂产出的“三废”中，与废气、废水一样，废渣的危害性也很大，表现在：

（1）废渣产量大，并且随着烟化炉生产规模的扩大，还有增加的趋势，这样必然增加运输费用，占用土地。

（2）废渣还含少量可溶性有害物质，会溶于雨水中，雨水若流入农田，就污染土地，破坏农业生产，危害人民身体健康；若流入江河湖泊，就会污染水质，直接危害水生生物和人民身体健康。

（3）有的废渣含 FeO 高达 50% 以上，若不很好利用，会对国家资源造成严重的浪费。

因此如何对烟化炉废渣搞好综合利用，是一个值得认真研究的问题。

第二节 污泥渣的处理

炼锡厂的污泥渣主要为烟化炉淋洗塔产出的高砷污水经石灰中和除砷、氟产出的砷钙渣，其主要成分见表5-1。

表5-1 污泥渣主要成分 (%)

元素	As	Ca	Zn	Si	Mg	F	Sn	Pb
含量	9~12	12~22	12~24	4~6	7~9	9~10	0.12	2~7

污泥渣含有大量的有害物质，且含有大量的水分，在《国家危险废物名录》中被列为危险废物。因此，该类渣的堆存处置必须进行防渗漏、防飞扬、防流失“三防”处理。

现阶段主要采用防渗漏处理。防渗膜及其组合形式较多，如复合衬层（基础层-天然材料层-人工合成层）、双人工衬层（基础层-天然材料层-人工合成层-加强层-人工合成衬层）等。人工合成衬层有高密度聚乙烯防渗膜（HDPE）、低密度聚乙烯防渗膜（LDPE）、乙烯-乙酸乙烯共聚物人工膜（EVA）及复合人工膜（一布一膜、二布一膜、多布多膜）等多种。

云锡公司采用的处理方法为：在地面挖出一个大池后，平整压实池底及四周池壁，填黏土0.3m碾压压实，并平整表面，浇灌100mm厚混凝土，铺设一层300g/m^{3}复合聚乙烯丙纶人工防渗膜（二布一膜）与混凝土层黏结，膜上用20mm厚水泥砂浆抹面，形成防渗渣池。

经过处理的“三防”渣场完全可以满足国家对危险废弃物填埋基础层的饱和渗透系数应小于1.0×10^{-7}cm/s的要求，不会对周边环境造成影响。

第六篇

行业政策

第一章　生产及出口配额管理

中国是全球最大的产锡国和消费国。中国目前锡的可开采储量约150万吨，若每年消费约15万吨并全部采用自产锡精矿，可开采年限只有不到10年。出于对不可再生资源的保护，中国政府从2002年开始就实行生产和出口配额管理，中国商务部门每年下达锡精矿的生产指令性计划，每年计划产量增长5%~10%。尽管还存在一定量的超采，但近几年锡精矿的产量增速基本控制在8%左右。

另一方面，国家加强了对锡产品出口的控制。自2002年锡及锡制品纳入出口配额管理以来，锡出口配额总量呈现下降趋势。其中最大降幅发生在2007年，当年出口配额从5.3万吨降至3.7万吨，降幅达30%；2008年，配额降幅调至10%，但当年中国开始针对未锻轧非合金锡征收10%的出口关税，中国转变为锡的净进口国。

2005年末，国家发展改革委员会等部委发布《关于控制部分高耗能、高污染、资源性产品出口有关措施的通知》（发改经贸〔2005〕2595 号），要求从 2006 年 1 月 1 日起，将 9 个税则号下所有锡及其制品、锡废碎料的出口退税率下调到 5%。

2006 年财政部等部委下发《关于调整部分商品出口退税率和增补加工贸易禁止类商品目录的通知》（财税〔2006〕139 号），决定从 2006 年 9 月 14 日起，取消锡锭、铅锭及焊锡条等产品的出口退税。自 2008 年 1 月 1 日起，国家开始对锡产品出口征收关税，其中锡矿砂及精矿为 20%，非合金锡为 10%，锡废碎料为 10%。除了关税调整外，从 2007 年起出口配额不断减少，2011 年的出口配额仅相当于 2007 年的一半，如图 6-1 所示。

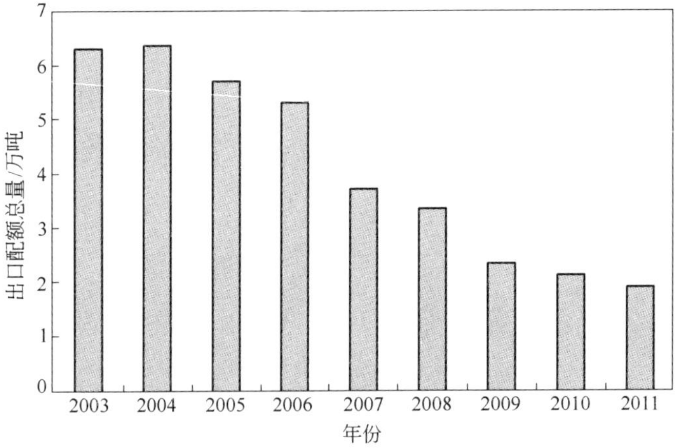

图 6-1　2003 ~ 2011 年锡及锡制品出口配额总量

第二章　准 入 条 件

2007 年，国家发展改革委员会发布公告，自 2007 年 1

月1日起，对钨、锡、锑矿产资源行业实施准入制度，国家各有关部门在对钨、锡、锑生产企业进行投资管理、土地供应、环保审批、信贷融资等工作中要以此公告为依据。

在公布的《锡行业准入条件》中，国家发展改革委员会分别就生产企业的设立和布局、生产规模和工艺装备、资源回收利用及能耗、产品质量、安全生产和职业病防治、环境保护等内容提出明确要求。行业准入条件的实施有利于进一步加强对锡资源的开发、利用和出口的管理与指导，促进产业结构优化升级。

公告指出，锡是国家重要的优势矿产资源，其储量、产量和出口量均居世界前列，在国际市场有着举足轻重的地位。国家发展改革委员会会同有关部门制定行业准入条件，意在合理开发利用这些优势资源。

在公布的《锡行业准入条件》中，要求新建和改扩建及加工项目应符合国家产业政策、矿产资源总体规划及各行业发展规划，并有稳定的原料供应渠道，项目投资中自有资金比例不得低于50%。

此外，在国家法律、法规、行政规章及规划确定或经县级以上人民政府批准的自然保护区、生态功能保护区、风景名胜区、森林公园、饮用水水源保护区，大中城市及其近郊，居民集中区、疗养地、医院，食品、药品、电子等环境条件要求高的企业周边一公里内，不得新建锡冶炼企业。已在上述区域内投产运营的冶炼企业要根据该区域规划，通过搬迁、转停产等方式逐步退出。

在生产规模方面，行业准入条件规定，新建、改扩建以矿产原料为主的锡冶炼项目年产锡锭（或粗锡）不得低于8000吨。

同时行业准入条件对项目的环保方面提出了具体要求。其中，新建、改扩建以矿产原料为主的锡冶炼项目，新建、改扩建以含锡废料为原料的再生锡冶炼项目，要求拥有粗炼、精炼、烟化、真空、余热利用、“三废”处理等完整工艺流程。

根据准入条件，各有关部门在对矿产资源冶炼、加工企业进行投资管理、土地供应、环保审批、信贷融资等工作中，对不符合本准入条件的新建和改扩建矿产资源冶炼、加工项目，投资管理部门不予审批、核准和备案，金融机构不得提供贷款和其他形式的授信支持。与此同时，土地管理、城市规划和建设、环境保护、消防、卫生、安监等部门不得办理有关手续。

国家发展改革委员会还规定，将定期公告符合准入条件的生产企业名单，不符合准入条件的企业，将不能获得出口供货资格和产品出口许可证，钨、锡企业不能获得含钨、锡废料的进口许可证，国家发展改革委员会将根据行业发展情况和宏观调控要求，适时对准入标准进行修订。

第七篇

世界主要产锡企业

第一章　全球十大产锡企业

从全球主要产锡大国分布看，主要锡资源国也是锡的生产大国。其中中国是最大的产锡国，2009 年锡产量占全球锡总产量的 49.34%，全球十大产锡企业中有 3 个来自中国，分别是云南锡业股份有限公司、云南乘风有色金属股份有限公司和广西华锡集团股份有限公司。另外，锡供给集中度非常高，前十大产锡企业精炼锡产量稳定在全球总量的 75% 左右，见表 7-1。

表 7-1　2008～2010 年全球前十大产锡企业精炼锡产量

（万吨）

企业名称	2008 年	2009 年	2010 年
云南锡业股份有限公司（中国）	5.84	5.59	5.92
PT Timah（印度尼西亚）	4.90	4.58	3.91
Malaysia SC（马来西亚）	3.16	3.64	3.87
Minsur（秘鲁）	3.80	3.39	3.61
Thaisarco（泰国）	2.17	1.93	2.35

续表 7-1

企业名称	2008 年	2009 年	2010 年
云南乘风有色金属股份有限公司（中国）	1.35	1.49	1.42
EM Vinto（玻利维亚）	0.88	1.18	1.15
广西华锡集团股份有限公司（中国）	1.20	1.05	1.43
Metallo Chimique（比利时）	0.92	0.87	0.995
PT Koba Tin（印度尼西亚）	0.71	0.75	0.664
合 计	24.94	24.47	25.319
全球产量占比/%	76.73	79.17	73.01

第二章 中国云南锡业股份有限公司

云南锡业股份有限公司（以下简称云锡）位于中国云南省个旧市，是一个历史悠久的大型有色冶金矿山联合企业，是中国最大的锡生产、加工、出口基地，2005 年以来，云锡锡金属产量位居全球第一。公司主要产品有锡锭、铅锭、铟锭、银锭、铋锭、铜精矿、锡材、锡基合金、有机锡及无机锡化工产品等40 多个系列1470 多个品种。现有年产8 万吨锡、2.4 万吨铅、2.4 万吨锡化工产品、2.5 万吨锡材产品的生产能力。主导产品“云锡牌”精锡是“中国名牌产品”、国家质量免检产品，公司“云锡牌 YT”商标是“中国驰名商标”、国际知名品牌。公司产品国际市场占有率为 17.37%，国内市场份额占 44.96%左右。

云锡拥有世界上锡行业最先进的采、选、冶、深加工成套技术，拥有世界上最完整的锡采选冶及深加工产业链，拥有矿山勘探、采掘、选冶、锡化工、锡、铜、铅及其他有色金属深加工纵向一体化的产业格局。公司坚持走新型工业化道路，通过资本运作，不断稳步推进发展战略的实施，加快技术进步和产业升级，积极抢占技术制高点，在国内同行业中首家成功地引进了世界最先进的澳斯麦特技术，锡熔炼技术整体上领先世界先进水平。云锡积极实施“走出去”战略，生产和经营范围不断发展，在湖南郴州形成采、选、冶一体的产业链，形成云南以外的另一生产基地，保证公司持续发展。公司除在昆明、北京、上海和全国各地设有经销机构外，在美国、德国也有营销公司。目前，公司有 10 个下属分公司、6 个控股子公司、5 个全资子公司。

第三章 印度尼西亚蒂玛公司

蒂玛公司的全称为 PT · 坦姆邦 · 蒂玛公司（PT Timah），是印尼国有控股有色大型企业，目前在吕宋岛及浅海开采的粗锡产量和锡金属储量均居世界第一位，但生产技术和产品质量还落后于世界先进水平。它的前身是由三个锡矿开采企业和一个冶炼厂组成，1995 年经印尼政府授权，蒂玛公司挂牌上市，同时在英国伦敦股票交易所和雅加达股票市场发行股票，印尼政府拥有蒂玛公司 65% 的股份，其余 35% 为国内和国际投资者所有。蒂玛公司“邦加”和“门托克”两个品牌的精锡均在伦敦交易所（LME）注册，其中“邦加”锡是国际公认的优质精锡之一。

蒂玛公司拥有自己的勘探系统，利用钻进床和传统的邦加钻机在沿海作业，通过卫星全球定位系统（GPS）记录各钻机位置。钻探中采用机械化提取岩芯，样品经过化验，结果输入计算机，用于高精度地质填图和有效指导采矿作业。

蒂玛公司的锡矿资源主要为冲积层砂矿，因此采矿作业采用大尺寸采选船生产群体，在沿岸浅海区以及在陆上采用水枪-沙砾泵的水采方法。

第四章　玻利维亚文托炼锡厂

文托炼锡厂（EM Vinto）隶属于玻利维亚国营熔炼公司，位于传统的矿山城市玻利维亚中部鲁奥罗市东部 7 公里的地方，是玻利维亚矿业部与 1966 年同联邦德国克哈德工业设备公司协议筹建的。设计为年产锡 2 万吨，于 1977 年建成投产。在这期间，玻利维亚国营熔炼公司又与联邦德国克哈德工业设备公司和丹麦保尔 · 伯格索公司协定，在文托冶炼厂扩建一座处理低品位锡精矿和波托西锡烟尘的炼锡厂，规模为年生产能力 1 万吨锡，于 1980 年初投产。文托炼锡厂建成投产后，使玻利维亚的锡年生产能力超过 3 万吨，进入了金属锡生产大国行列。

第五章　秘鲁米苏尔冶炼厂

米苏尔冶炼厂（Minsur S. A.）是秘鲁唯一的锡冶炼厂，

也是世界上第一座采用澳斯麦特公司顶吹沉浸喷枪熔炼技术的锡冶炼厂。

米苏尔冶炼厂位于秘鲁首都利马以南约 240 公里处的小城皮斯科附近，属于秘鲁布雷西亚集团公司，1996 年 3 月建成投产，2007 年储量为 71 万吨，占世界总储量的 11.6%，居世界第四位，主要分布在普诺省。

第六章　广西华锡集团股份有限公司

广西华锡集团股份有限公司（以下简称华锡集团）是集采、选、冶、深加工于一身的大型联合企业，下属设立有 30 个厂矿、分公司、子公司，在北京、上海、香港、深圳、郑州、沈阳、武汉、成都设立有销售公司。华锡集团以产锡为主，综合回收铅、锑、锌、银、铟、镉、铋等多种金属，主要产品有“金海”牌锡锭、铟锭、锌锭、铅锭、锑锭、高铅锑锭、硫酸等 20 多种，并建成硫酸亚锡、氯化亚锡、锡锑铅铜合金、铟靶材等冶炼产品深加工项目。“金海”牌锡锭在英国伦敦金属交易所注册，并荣获中国名牌产品称号；“金海”牌铟锭和“华锡”牌硫酸亚锡获广西名牌产品称号。“金海”牌系列产品远销欧、亚、美三大洲的几十个国家和地区，在国际享有很高的商誉。经过多年的发展，华锡集团已形成年采选 250 万吨矿石、年冶炼 2.5 万吨锡、80 吨铟、4 万吨铅锑、6 万吨锌、70 吨银的生产能力。

广西大厂矿田属锡石多金属硫化矿，含有丰富的锡、铅、锑、锌、铟及其他稀散金属，已探明的锡、锌、锑、铅、铟、银等矿石量达11.6亿吨，综合金属量超过450万吨，其中铟储量居世界首位，锡占广西总量的70%多，约占全国总量的1/3，居全国第一位，是我国重要的有色金属基地。

华锡集团主体选矿厂——车河选矿厂是集产、学、研一体的大型锡选矿企业，年处理能力170万吨，承担了公司70%以上的选矿生产任务，是亚洲最大的锡选矿厂，选矿工艺技术指标处于国际先进水平。2011年处理原矿锡、锌、铅锑品位分别为0.48%、1.73%、0.38%，精矿产品锡、锌、铅锑选矿回收率分别为73%、74%、62%。

华锡集团公司经过几十年的艰苦创业，目前已经成为全国最大的铟，第二大的锡、锑生产企业，在广西有色行业中处于龙头地位，发挥重要的骨干作用。多年来，华锡集团依托资源优势，坚持深化改革，依靠科技进步和加强管理提升企业的市场竞争能力，并在诸多方面形成较强的市场竞争优势。华锡公司重视技术装备的更新换代，通过科技攻关和引进技术，更新和淘汰落后技术和装备，使华锡集团的工艺技术和生产装备保持国内先进水平。

公司将科技开发的重点放在有色金属新产品、新材料的研究开发上，发展锡、铅、锌、铟、锑等有色金属的合金材料、粉末材料和化工材料，延伸产业链，优化产品结构，提高产品的质量、档次和附加值，为集团公司向高科技领域发展奠定基础。

附 录

附录一 64种有色金属元素

64种有色金属包括：铝、镁、钾、钠、钙、锶、钡、铜、铅、锌、锡、钴、镍、锑、汞、镉、铋、金、银、铂、钌、铑、钯、锇、铱、铍、锂、铷、铯、钛、锆、铪、钒、铌、钽、钨、钼、镓、铟、铊、锗、铼、镧、铈、镨、钕、钐、铕、钆、铽、镝、钬、铒、铥、镱、镥、钇、钪、硅、硼、硒、碲、砷、钍。

有色金属又分为轻金属、重金属、稀有金属、贵金属和其他有色金属。

（1）轻金属：7种，铝、镁、钾、钠、钙、锶、钡（其中钾、钠、钙、锶、钡5种一般为化工系统的产品）。

（2）重金属：10种，铜、铅、锌、镍、钴、锡、锑、铋、镉、汞。

（3）稀有金属：35种，又细分为四类：

1）稀有轻金属4种（在稀有金属中密度最小）：锂、铍、铷、铯。

2）稀有难熔金属8种（在金属中熔点较高）：钨、钼、钽、铌、钛、锆、铪、钒。

3）稀散金属 7 种（矿体生成极为分散、且多为与其他矿物共生、非经准确的全分析不易发现）：镓、铟、铊、锗、硒、碲、铼（有的分法，将铼分为难熔金属）。

4）稀土金属 16 种（其氧化物似土，故名）：镧、铈、镨、钕、钐、铕、钆、铽、镝、钬、铒、铥、镱、镥、钇、钪。

（4）贵金属：8 种，金、银、钌、铑、钯、锇、铱、铂。

（5）其他有色金属：4 种，硅、砷、硼、钍。

附录二　元素周期表

周期	ⅠA	ⅡA	ⅢB	ⅣB	ⅤB	ⅥB	ⅦB	Ⅷ			ⅠB	ⅡB	ⅢA	ⅣA	ⅤA	ⅥA	ⅦA	
1	1 H 氢 1.0079																	2 He 氦 4.0026
2	3 Li 锂 6.941	4 Be 铍 9.0122											5 B 硼 10.811	6 C 碳 12.011	7 N 氮 14.007	8 O 氧 15.999	9 F 氟 18.998	10 Ne 氖 20.17
3	11 Na 钠 22.9898	12 Mg 镁 24.305											13 Al 铝 26.982	14 Si 硅 28.085	15 P 磷 30.974	16 S 硫 32.06	17 Cl 氯 35.453	18 Ar 氩 39.94
4	19 K 钾 39.098	20 Ca 钙 40.08	21 Sc 钪 44.956	22 Ti 钛 47.9	23 V 钒 50.9415	24 Cr 铬 51.996	25 Mn 锰 54.938	26 Fe 铁 55.84	27 Co 钴 58.9332	28 Ni 镍 58.69	29 Cu 铜 63.54	30 Zn 锌 65.38	31 Ga 镓 69.72	32 Ge 锗 72.59	33 As 砷 74.9216	34 Se 硒 78.9	35 Br 溴 79.904	36 Kr 氪 83.8
5	37 Rb 铷 85.467	38 Sr 锶 87.62	39 Y 钇 88.906	40 Zr 锆 91.22	41 Nb 铌 92.9064	42 Mo 钼 95.94	43 Tc 锝 97.99	44 Ru 钌 101.07	45 Rh 铑 102.906	46 Pd 钯 106.42	47 Ag 银 107.868	48 Cd 镉 112.41	49 In 铟 114.82	50 Sn 锡 118.7	51 Sb 锑 121.7	52 Te 碲 127.6	53 I 碘 126.905	54 Xe 氙 131.3
6	55 Cs 铯 132.905	56 Ba 钡 137.33	57–71 La-Lu 镧系	72 Hf 铪 178.49	73 Ta 钽 180.947	74 W 钨 183.8	75 Re 铼 186.207	76 Os 锇 190.2	77 Ir 铱 192.2	78 Pt 铂 195.08	79 Au 金 196.967	80 Hg 汞 200.5	81 Tl 铊 204.3	82 Pb 铅 207.2	83 Bi 铋 208.98	84 Po 钋 (209)	85 At 砹 (201)	86 Rn 氡 (222)
7	87 Fr 钫 (223)	88 Ra 镭 (226.03)	89–103 Ac-Lr 锕系	104 Rf 𬬻 (261)	105 Db 𬭊 (262)	106 Sg 𬭳 (263)	107 Bh 𬭛 (264)	108 Hs 𬭶 (265)	109 Mt 鿏 (268)	110 Ds 𫟼 (269)	111 Rg 𬬭 (272)	112 Cn 鿔 (277)						

镧系	57 La 镧 138.905	58 Ce 铈 140.12	59 Pr 镨 140.91	60 Nd 钕 144.2	61 Pm 钷 (147)	62 Sm 钐 150.4	63 Eu 铕 151.96	64 Gd 钆 157.25	65 Tb 铽 158.93	66 Dy 镝 162.5	67 Ho 钬 164.93	68 Er 铒 167.2	69 Tm 铥 168.934	70 Yb 镱 173.0	71 Lu 镥 174.96
锕系	89 Ac 锕 (227)	90 Th 钍 232.0381	91 Pa 镤 231.03588	92 U 铀 238.02891	93 Np 镎 (237)	94 Pu 钚 (239.244)	95 Am 镅 (243)	96 Cm 锔 (247)	97 Bk 锫 (247)	98 Cf 锎 (251)	99 Es 锿 (252)	100 Fm 镄 (257)	101 Md 钔 (258)	102 No 锘 (259)	103 Lr 铹 (260)